Contents

Theme/sub-topic	Page
Introduction	4
1 Identités	5
A Caractéristiques personnelles	5
B Relations personnelles	8
C Aliments et boissons	12
D Bien-être physique	16
2 Expériences	19
A Habitudes quotidiennes	19
B Loisirs	22
C Vacances	26
D Fêtes et célébrations	30
3 Ingéniosité humaine	33
A Transports	33
B Divertissements	36
C Médias	40
D Technologie	45
4 Organisation sociale	48
A Voisinage	48
B Éducation	51
C Lieu de travail	55
D Problèmes sociaux	57
5 Partage de la planète	60
A Climat	60
B Géographie physique	64
C Environnement	66
D Questions mondiales	69
6 Mots utiles	72
A Lexique utile	72
B Pour l'examen oral	84
C Pour l'examen écrit	91

Studying French Ab Initio at IB Diploma

The IB French Ab Initio Diploma programme is a rigorous and challenging language acquisition course which helps develop your linguistic skills as well as your inter-cultural understanding.

How this resource can help you

Studying French Ab Initio as part of the IB Diploma programme involves a substantial amount of time for independent study and you may need additional support from your teacher, friends, or other resources. Of course, your teacher and friends may not always be available, particularly when it comes to acquiring, learning, and using a broad range of language and vocabulary across a variety of different topics.

This book aims to help you by providing a core of vocabulary and language organized by the themes and topics you will be studying as part of your IB Diploma.

- There are five broad themes (**Sections 1–5** in this book). Each theme has been divided into topics, and each topic is then further divided into sub-topics. These are organized along the following lines:
  - individual words
  - verbs and verb collocations (ie words which are often used in combination). It is very important to know which French verbs to use as they are not always interchangeable. For example, 'to have breakfast' is **not** 'avoir son petit déjeuner', but 'prendre son petit déjeuner'. Verbs are listed in the infinitive form.
  - basic phrases and sentences on the topic which you are likely to need and encounter at the start of your studies
  - longer, more sophisticated sentences which you are more likely to need in your second year of study and may find challenging (indicated by *)

- These more challenging sentences marked * have been carefully selected to model the use of a linguistic feature in sentences. For example, the use of relative pronouns, special forms of verbs, verbs in different tenses, or other examples of special vocabulary. These are highlighted in bold. To help you identify the equivalent words/phrases in English, these have been written **in bold** as well.

- **Section 6** provides you with generic and idiomatic language not related to specific topics (eg time, colours, etc) as well as suggestions to help with the preparation of your individual oral assessment (***Pour l'oral***). This lists phrases and models for the description of an image as well as for questions and answers. In ***Pour l'écrit***, you will find vocabulary to use when writing your essay, including specific phrases related to different text types.

- Generally, the language you are given in this resource is in standard register. Words and phrases which are more familiar are indicated as (fam) and more idiomatic language is shown with (id).

- This resource provides you with French that you would read or hear in France. You will find words and phrases in French from other French-speaking countries, and the country of origin is indicated in brackets.

- Note this is **not** a comprehensive list of vocabulary and language and you are encouraged to acquire a broad range of vocabulary. If your teacher gives you additional words, or through your own reading you come across suitable language, you might choose to write it into this book, so it becomes more like a personal vocabulary book for you.

- Where you see a note to refer to another section in this book (eg **Voir 3 A**), this suggests there may be useful and relevant vocabulary in another section. These cross references have been done where we thought it might be helpful, but they are not necessarily exclusive. You may find other opportunities to blend the language from different sections. This is another way in which you can personalize the language for your own needs.

We wish you the best on your learning journey and, of course, the greatest success in your exams!

Danièle and the team at Elemi

Identités

A Caractéristiques personnelles

Je me présente (nom, âge, nationalité, domicile, langue)	Let me introduce myself (name, age, nationality, home, language)
le nom (de famille)	(family/last) name/surname
le prénom	first name
le deuxième prénom	middle name
le surnom	nickname
l'âge (m)	age
l'anniversaire (m)	birthday
la date/le lieu de naissance	date/place of birth
le pays d'origine	country of origin
la nationalité	nationality
l'adresse (f)/le domicile	home address
la langue (maternelle)	(mother) tongue/language
s'appeler	to be called
avoir x ans	to be x years old (*literal: to have x years*)
habiter/vivre à (+ *ville*)/en (+ *pays*) (f)/ au (+ *pays*) (m)/aux (+ *pays*) (pl)	to live in (+ *town/country*)
être de nationalité britannique	to be of British nationality
être d'origine française/indienne/américaine	to be of French/Indian/American origin
se sentir français(e)/indien(ne)/américain(e)	to feel French/Indian/American
avoir la double nationalité	to have dual nationality
parler couramment l'anglais	to speak English fluently
se débrouiller en arabe (fam)	to get by in Arabic
Je m'appelle Étienne Lanvaux. Ça s'écrit L.A.N.V.A.U.X.	My name is Étienne Lanvaux. It is spelled L.A.N.V.A.U.X.
Mon prénom, c'est Fadila, mais on m'appelle Fadi.	My name is Fadila but people call me Fadi.
Mon nom de famille est d'origine italienne.	My last name/family name is of Italian origin.
J'ai presque seize ans.	I'm nearly sixteen.
Je viens d'avoir dix-sept ans.	I've just turned seventeen.
Je suis né(e) en mai.	I was born in May.
Mon anniversaire, c'est le 22 juillet.	My birthday's on 22nd July.
Il a une trentaine d'années./Il a la trentaine. (fam)	He is in his thirties.
Vous êtes/Tu es d'où?	Where are you from?
Nous sommes de Paris.	We're from Paris.
Je suis britannique (m + f)/anglais(e)/chinois(e)/américain(e)/indien(ne).	I am British/English/Chinese/American/Indian.
J'habite au 12 rue de Belleville, à Paris.	I live at 12 Belleville Street in Paris.
Je vis ici depuis l'âge de 12 ans.	I've been living here **since** I was 12.
Mes parents sont originaires de New York et installés à Dubaï depuis 2016.	My parents are originally from New York and have lived in Dubai **since** 2016.
Je parle anglais depuis que j'ai 10 ans/depuis que j'habite aux États-Unis.	I have spoken English **since** I was 10/**ever since** I've been living in the US.
Je suis bilingue arabe-anglais et ça fait six mois que j'apprends le français.	I'm bilingual in Arabic and English and I have been learning French **for** six months.

Il a un nom à coucher dehors! (id) — His name is difficult to pronounce. (*literal: He has a name for sleeping outside.*)

Il ne fait pas son âge. (id) — He doesn't look his age.

La description physique / Physical description

l'apparence (f) physique	looks/physical appearance
la silhouette	figure
le corps	body
le visage	face
les vêtements (mpl)/la tenue vestimentaire	clothes/clothing (*the way you dress*)
être grand(e)/petit(e)	to be tall/short
être ni grand(e), ni petit(e)/de taille moyenne	to be neither tall nor short/of average height
être mince/maigre	to be slim/thin
être fort(e)/corpulent(e)/costaud(e) (fam)	to be thickset/stout/chunky
avoir les yeux bleus/verts/marron/noisette/gris	to have blue/green/brown/hazelnut/grey eyes
avoir les cheveux …	to have …
… blonds/bruns/châtains/noirs/roux/gris/blancs	… blond/dark brown/brown/black/ginger/grey/white hair
… courts/longs/raides/bouclés/frisés/afro	… short/long/straight/wavy/curly/afro hair
être chauve	to be bald
avoir une barbe/une moustache	to have a beard/a moustache
avoir la peau claire/mate/foncée	to have light/olive/dark skin
avoir des taches (fpl) de rousseur/des rides (fpl)/des boutons (mpl)(d'acné)/une cicatrice	to have freckles/wrinkles/pimples (acne)/a scar
porter des lunettes (fpl)/des lentilles (fpl)/un appareil dentaire	to wear glasses/contacts/braces
avoir/faire une queue de cheval/des couettes (fpl)/des tresses (fpl), des nattes (fpl)/un chignon	to wear one's hair in a ponytail/pigtails/braids, plaits/bun
soigner son apparence (f)	to take care of one's looks
se maquiller	to put on make-up
avoir un tatouage/un piercing	to have tattoo/a piercing
porter un masque (médical/en tissu/fantaisie)	to wear a (medical/fabric/fashion) face mask
s'habiller de façon habillée/décontractée	to dress smartly/casually
s'habiller à la mode	to dress fashionably/trendily
mettre des tenues élégantes/négligées/excentriques	to wear elegant/scruffy/eccentric clothes
porter des vêtements de sport/pratiques/confortables	to wear sporty/practical/comfortable clothes
porter le costume national/la tenue traditionnelle	to wear the national costume/traditional dress
Je mesure environ 1,60m (un mètre soixante) et je pèse 58 kilos.	I am 1.6m high and I weigh 58 kilos.
Je me trouve un peu trop gros(se)/mince.	I think I'm a bit too fat/skinny.
Il est beau./C'est un bel homme.	He's good-looking./He's a handsome man.
Elle est jolie/belle./C'est une belle femme.	She's pretty/good-looking./She's a beautiful woman.
Pour ma mère, c'est important d'être bien maquillée, bien coiffée et bien habillée.	For my mother, it's important to have good make-up, neatly styled hair, and to be well dressed.
J'ai un tatouage sur le bras qui représente bien ma personnalité.	I have a tattoo on my arm which represents my personality well.
Certains jeunes ont des piercings pour affirmer leur identité. Moi, je trouve ça moche!	Some young people have piercings to assert their identity. I find that ugly!

Le look/Le style vestimentaire en dit long sur son caractère.	The way someone looks/dresses **says a lot about** their character.
Mon copain est moins beau que son frère, mais moi, je le trouve plus séduisant!	My boyfriend is **less** handsome **than** his brother, but I find him **more** attractive!
Nous vivons dans un monde d'images et le physique est plus important que le reste.	We live in a world of images and physical appearance is **more** important **than** the rest.
Personnellement, je suis moins attiré par le look des gens que par leur personnalité.	Personally, I am **less** attracted to the way people look **than** to their personality.
Beaucoup de jeunes ici préfèrent s'habiller à l'occidentale, plutôt que mettre la tenue traditionnelle.	Many young people here prefer to wear Western-style clothing **rather than** traditional dress.
Je suis le portrait craché de mon père. (id)	I'm the spitting image of my father.
On se ressemble comme deux gouttes d'eau. (id)	We're like two peas in a pod. (*literal: We look like two drops of water.*)

B Les relations personnelles

La personnalité: qualités et défauts — Personality: positive and negative traits

être …/avoir l'air …/sembler être …/paraître …	to be …/to seem …/to seem to be …/to appear to be …
… sympa(thique)/antipathique	… friendly/unfriendly
… optimiste/pessimiste	… optimistic, hopeful/pessimistic, negative
… aimable/égoïste/pénible	… kind, nice, good-natured/selfish/annoying
… timide/calme/drôle/dynamique	… shy/calm/funny/dynamic, full of energy
… sérieux/sérieuse	… sensible, responsible, conscientious
… paresseux/paresseuse	… lazy
… curieux/curieuse	… inquisitive
… travailleur/travailleuse	… hard-working
… jaloux/jalouse	… jealous
… têtu/têtue	… stubborn
… gentil/gentille	… kind, nice
… naïf/naïve	… naive, gullible
… compréhensif/compréhensive	… understanding
avoir bon/mauvais caractère	to be good-/bad-tempered
avoir le sens de l'humour (m)/un bon sens de l'humour	to have a (good) sense of humour
faire preuve (f) de jalousie (f)/de bon sens	to show jealousy/common sense
inspirer confiance (f)/inspirer du respect (m)	to inspire confidence/inspire respect
respirer le bonheur/la joie de vivre	to come across as very happy
Je suis toujours de bonne humeur/de mauvaise humeur.	I am always in a good mood/in a bad mood.
Il n'est jamais content/stressé.	He's never happy/stressed.
Il pense d'abord à lui/aux autres.	He puts himself/others first.
Elle voit toujours le côté positif/négatif des choses.	She always sees the positive/negative side of things.
Mon père ne se met jamais en colère.	My father never gets angry.
Mes parents s'énervent très rapidement.	My parents get angry very quickly.
Je pense que je suis quelqu'un de sociable.	I think I am a sociable person.
Mon principal trait de caractère, c'est la franchise.	My main character trait is honesty.
* Ce qui définit le mieux son caractère, c'est la générosité.	What best defines him/her as a person is generosity.
* Ce qui me plaît chez ce prof, c'est qu'il est juste.	What I like about this teacher is that he's fair.
* Ce que j'aime chez mes amis, c'est que je peux leur faire confiance.	What I like about my friends is that I can trust them.
* Ce que j'admire le plus chez lui/elle, c'est sa capacité de travail.	What I admire most about him/her is how much work he/she does.
Il n'a pas les pieds sur terre. (id)	He hasn't got his feet firmly on the ground.
Elle a le cœur sur la main. (id)	She wears her heart on her sleeve. (literal: She has the heart on her hand.)

La famille proche — Immediate family

une mère/une belle-mère	mother/step-mother (or mother-in-law)
un père/un beau-père	father/step-father (or father-in-law)
une grand-mère/un grand-père	grandmother/grandfather
les parents (mpl)/les grands-parents/les beaux-parents	parents/grandparents/in-laws

un fils/un beau-fils	son/step-son (*or* son-in-law)
une fille/une belle-fille	daughter/step-daughter (*or* daughter-in-law)
une sœur/une demi-sœur/une belle-sœur	sister/step-sister/sister-in-law
un frère/un demi-frère/un beau-frère	brother/step-brother/brother-in-law
un frère aîné/cadet/jumeau	elder/younger/twin brother
une sœur aînée/cadette/jumelle	elder/younger/twin sister
de vrais jumeaux/de vraies jumelles	identical twins
un enfant (adopté)	(adopted) child
un mari/un conjoint/un époux	husband/spouse
une femme/une conjointe/une épouse	wife/spouse
un père/une mère célibataire	single father/mother
un compagnon/une compagne	partner/companion
un (grand-) oncle/une (grand-) tante	(great-) uncle/(great-) aunt
un cousin (germain)/une cousine (germaine)	(first) cousin
un neveu/une nièce	nephew/niece
un membre de la famille	family member
un parent proche/éloigné	close/distant relative
un père/une mère célibataire	single father/mother
une famille monoparentale/homoparentale	single-parent/same-sex family
une famille recomposée	reconstituted family, stepfamily
un animal de compagnie/un animal domestique	pet
être fils/fille unique	to be an only child
être l'aîné/le cadet/l'aînée/la cadette	to the eldest/youngest
se fiancer	to get engaged
se marier/se remarier	to get married/remarried
se séparer/divorcer	to separate/divorce
être veuf/veuve	to be a widower/widow
vivre sous le même toit	to live under the same roof
Il y a trois personnes dans ma famille, mes parents et moi.	There are three people in my family, my parents and me.
Je n'ai pas de frère, mais j'ai trois sœurs.	I don't have a brother, but I have three sisters.
Je viens d'une famille nombreuse.	I come from a large family.
Je n'ai pas d'animal à la maison.	I don't have a pet at home.
J'ai un chien et il fait vraiment partie de la famille!	I have a dog and he is really part of the family!
Mes parents ne sont pas mariés, mais ils sont pacsés.	My parents are not married but they are in a civil partnership.
J'habite avec mon père et ma belle-mère depuis le divorce de mes parents.	I have been living with my father and step-mother since my parents' divorce.
Je ne connais pas toute ma famille parce qu'elle est dispersée dans le monde entier.	I don't know my whole family because they are scattered all over the world.
La famille élargie est la norme dans certains pays de l'Afrique francophone.	Extended families are the norm in some French-speaking African countries.
* Mon père a été adopté quand il était bébé et il ne connaît pas ses parents biologiques.	My father **was adopted** when he was a baby and he doesn't know his biological parents.
* Ma mère a été élevée par ses grands-parents après la mort de ses parents.	My mother **was raised** by her grandparents after her parents died.
* Mes frères ont été envoyés dans un pensionnat quand ils étaient petits.	My brothers **were sent** to a boarding school when they were little.

L'amour et l'amitié

un ami/une amie (d'enfance)	(childhood) friend
un/une camarade (de classe)	friend, mate (classmate)
un copain/une copine	friend, pal, buddy
un petit copain/une petite copine	boyfriend/girlfriend
un chum/une blonde (*au Québec*)	boyfriend/girlfriend
un fiancé/une fiancée	fiancé(e)
un groupe d'amis/une bande de potes (fam)	group of friends
faire connaissance (avec)	to meet/to get to know
rencontrer quelqu'un	to meet someone
avoir de l'amitié (pour)/être ami (avec)	to be friends (with)
avoir beaucoup de choses en commun (avec)	to have a lot in common (with)
draguer/flirter (avec)	to flirt (with)
tomber amoureux/amoureuse (de)	to fall in love (with)
sortir avec (quelqu'un)	to go out with (someone)
être en couple	to be together (as a couple)
se fiancer/se marier/se pacser	to get engaged/to get married/to enter a civil partnership
En général, je retrouve mes copains en ville.	I usually meet up with my friends in town.
J'ai beaucoup de nouveaux amis au lycée.	I have a lot of new friends at school.
C'est ma meilleure amie depuis l'école primaire.	She has been my best friend since primary school.
Pendant la pandémie de COVID-19, mes amis m'ont énormément manqué.	During the COVID-19 pandemic, I missed my friends enormously.
J'avais de bons amis, mais on s'est perdu de vue.	I had good friends, but we lost touch.
J'ai gardé contact avec mes amis et on se retrouve en ligne assez souvent.	I've kept in touch with my friends, and we meet up online quite often.
Pour moi, l'ami idéal c'est **quelqu'un à qui** on peut faire confiance.	For me, the ideal friend is **someone whom** you can trust.
Mon meilleur ami, c'est **quelqu'un pour qui** je ferais tout.	My best friend is **someone for whom** I would do anything.
Selon moi, le compagnon idéal/la compagne idéale, c'est **quelqu'un sur qui** on peut compter.	In my opinion, the ideal partner **is someone on whom** you can rely.
Le mari parfait/la femme parfaite, c'est **quelqu'un avec qui** on se sent bien.	The perfect husband/perfect wife is **someone with whom** you feel comfortable.
avoir le coup de foudre (pour)	to experience love at first sight/to be really taken (with)
Je suis bleu de toi. (id) (*en Belgique*)	I'm in love with you! (*literal: I am blue for you.*)
J'espère trouver l'âme sœur. (id)	I hope I'll find my soul mate. (*literal: the sister soul*)

Tout va bien!

bien s'entendre (avec)	to get on well (with)
être/se sentir ...	to be/to feel ...
... bien (avec)	... good (with)
... à l'aise (avec)	... comfortable (with)
trouver quelqu'un sympa(thique)/aimable/gentil	to find someone nice/pleasant/kind
avoir de bons rapports (mpl)/de bonnes relations (fpl) (avec)	to have a good relationship/good relations (with)
avoir du respect (m)/de l'admiration (f)/de la sympathie (pour)	to respect/admire/like
Dans ma famille, nous nous entendons tous bien.	In my family, we all get along well.

Je suis très proche de mes frères et sœurs.	I am very close to my brothers and sisters.
Je me fais assez facilement des amis.	I make friends quite easily.
On trouve nos nouveaux voisins très sympa.	We find our new neighbours very nice.
Je me sens bien dans le cocon familial.	I feel comfortable/cosy in the family cocoon.
Pendant le confinement, je me suis rapproché(e) de ma famille.	During lockdown, I got closer to my family.
Au lycée, tout le monde est gentil avec moi.	At school, everyone is nice **to me**.
J'ai un nouveau copain et je m'entends très bien avec lui.	I have a new friend and I get along very well **with him**.
J'aime être avec mes copains, parce que je me sens bien avec eux.	I like being with my friends because I feel great **with them**.
J'ai mes deux grands-mères et j'ai d'excellentes relations avec elles.	I have my two grandmothers and I have an excellent relationship **with them**.
Même si je me dispute parfois avec ma copine, je me réconcilie vite avec elle.	Even though I sometimes argue with my friend, I quickly make up **with her**.

Ça va mal! / Things are bad!

le conflit des générations (fpl)	generation gap
avoir de mauvais rapports/de mauvaises relations (avec)	to have a bad relationship/bad relations (with)
se fâcher (avec)/se mettre en colère (contre)	to get angry (with)
se disputer/se quereller/se brouiller	to fight/to argue/to fall out
se séparer/rompre/divorcer	to separate/to break up/to divorce
trouver quelqu'un antipathique/désagréable	to find someone unpleasant
être jaloux/jalouse (de)	to be jealous (of)
être méchant(e) (avec)	to be nasty (with)
être/se sentir mal à l'aise (avec)	to be/feel uncomfortable (with)
Je ne m'entends pas du tout avec mon frère.	I don't get on at all with my brother.
Nous nous disputons tout le temps.	We argue all the time.
Je ne supporte pas mon beau-père.	I can't stand my step-father.
Il se comporte mal envers moi.	He behaves badly towards me.
Je ne sais pas comment me faire des amis.	I don't know how to make friends.
J'appartiens à une famille recomposée et nos rapports sont parfois très tendus.	I belong to a reconstituted family and our relations are sometimes very tense.
J'ai arrêté de voir ce garçon parce qu'il était toxique.	I **stopped seeing** that boy because he **was** toxic.
Mes parents ont divorcé parce qu'ils se querellaient tout le temps.	My parents **got divorced** because they **fought** all the time.
Je me suis beaucoup disputé avec ma famille pendant le confinement parce qu'on était toujours ensemble.	I **argued** a lot with my family during lockdown because we **were** always together.
La cohabitation s'est très mal passée parce que nous étions tous stressés.	Living together **went** badly wrong because we **were** all stressed.
Ils sont copains comme cochons. (id)	They are bosom buddies/as thick as thieves. (*literal: They are friends like pigs.*)
On s'entend comme chat et chien. (id)	We don't get on at all./We fight like cats and dogs. (*literal: We get on like cat and dog.*)

C Aliments et boissons

Les repas / Mealtimes

le petit déjeuner/le déjeuner (*au Québec/en Suisse*)	breakfast
le déjeuner/le dîner (*au Québec/en Suisse*)	lunch
le goûter/le «quatre-heures»	afternoon snack
le dîner/le souper (*au Québec/en Suisse*)	dinner
une entrée	starter
un plat	dish
un dessert	dessert
l'alimentation (f), la nourriture	food
une boisson (alcoolisée/non alcoolisée)	(alcoholic/non-alcoholic) drink
un plat familial/national/traditionnel	family/national/traditional dish
une spécialité régionale/nationale	regional/national speciality
un repas de fête	festive meal
avoir faim	to be hungry
avoir soif	to be thirsty
faire la cuisine	to cook
préparer le repas	to prepare the meal
On prend le petit déjeuner à 7 heures.	We have breakfast at 7am.
Je déjeune vers 13 heures.	I have lunch at about 1pm.
Nous dînons généralement vers 19h30.	We normally have dinner at about 7.30pm.
Mon plat préféré, c'est le couscous de ma grand-mère!	My favourite dish is my grandmother's couscous!
La ratatouille, je trouve ça délicieux/dégoutant.	I find ratatouille delicious/disgusting.
J'aime bien/J'adore le poulet/la soupe/les légumes.	I like/I love chicken/soup/vegetables.
Je n'aime pas/Je déteste le riz/la salade/les céréales.	I don't like/I hate rice/salad/cereal.
Le matin, je préfère une tartine beurrée aux viennoiseries.	In the morning, I prefer a slice of bread and butter to pastries.
Le matin, je bois du thé/du café/du lait/du jus de fruit/de l'eau.	In the morning/For breakfast, I drink tea/coffee/milk/fruit juice/water.
À midi, je prends de la viande/du poisson/des légumes.	At lunchtime, I have meat/fish/vegetables.
Le soir, je mange de la pizza/du fromage/des pâtes.	In the evening/For dinner, I eat pizza/cheese/pasta.
Je ne fais pas souvent la cuisine, mais je fais souvent des gâteaux.	I don't often cook, but I often bake cakes.
En France, on mange souvent une salade verte et du fromage avant le dessert.	In France, we often eat a green salad and cheese before dessert.
Je goûte toujours aux spécialités du pays où je suis.	I always taste the specialities of the country where I am.
Tu as **déjà** mangé du lapin/de la langouste/des escargots?	Have you **ever** eaten rabbit/lobster/snails?
Je **n'**ai **jamais** mangé de lapin/de langouste/d'escargots.	I have **never** eaten rabbit/crayfish/snails.
Tu as **déjà** goûté à la salade niçoise?	Have you **ever** tasted *salade niçoise*?
Je **n'**ai **pas encore** goûté à la salade niçoise, mais je voudrais y goûter un jour!	I **haven't** tasted *salade niçoise* **yet** but I would like to try it one day!
Beaucoup trop de gens dans le monde ne mangent pas à leur faim.	Far too many people in the world do not eat enough.

Certaines personnes ne mangent pas de porc pour des raisons religieuses.	Some people do not eat pork for religious reasons.
J'ai une faim de loup! (id)	I'm famished/ravenous. (*literal: I am hungry like a wolf.*)
Elle a mis les petits plats dans les grands. (id)	She's prepared a fantastic meal. (*literal: She's put small dishes into big ones.*)

On fait les courses / Shopping for food

le marché/le marché couvert, les halles (fpl)	market/covered market
la supérette/le supermarché/l'hypermarché (m)	convenience store/supermarket/hypermarket
le magasin d'alimentation	food store
l'épicerie fine (f)/le traiteur	delicatessen
la boulangerie (-pâtisserie)	baker's (cake shop)
la boucherie (-charcuterie)	butcher's (delicatessen)
la poissonnerie	fishmonger's
la fromagerie	cheese shop
le primeur	greengrocer's/fruit and veg shop
100 grammes de …/une livre de …/un kilo de …	100 grams of …/a pound of …/a kilo of …
un (demi-) litre de …/une bouteille de …/une canette de …/un verre de …/un bol de …	a (half) litre of …/a bottle of …/a can of …/a glass of …/a bowl of …
une boîte de …/un paquet de …/un pot de …	a box of …/a packet of …/a jar of …
une tranche de …/un morceau de …/une portion de …	a slice of …/a piece of …/a portion of …
une cuillerée à café/à soupe de …	a teaspoon/tablespoon of …
les parfums (mpl)	flavours
une glace/un sorbet …	… ice cream/sorbet
… à la vanille/à la fraise/à la menthe/à l'orange	vanilla/strawberry/mint/orange …
… au chocolat/au café/au citron	chocolate/coffee/lemon …
… aux fruits rouges	red berry …
un sandwich/une pizza/des pâtes …	… sandwich/pizza/pasta
… à la tomate	tomato …
… au fromage/au jambon/au thon	cheese/ham/tuna …
… aux champignons/aux olives	mushroom/olive … (*or* … with mushrooms/olives)
Je voudrais/Je vais prendre un kilo de pommes, s'il vous plaît.	I would like/I will have a kilo of apples, please.
Est-ce que vous avez des carottes râpées?	Do you have grated carrots?
C'est combien, le cornet de glace deux boules?	How much is a two-scoop ice cream cone?
Donnez-moi/Mettez-moi deux melons bien mûrs, s'il vous plaît.	Give me two ripe melons, please.
On fait nos courses en grande surface/en ligne.	We do our shopping at the supermarket/online.
Depuis la pandémie, on utilise le click and collect pour toutes nos courses.	Since the pandemic, we use click and collect for all our shopping.

On sort manger! / Eating out!

le restaurant/la brasserie	restaurant/brasserie
la cafétéria/le self/la cantine	cafeteria/self-service restaurant/canteen
le café/le bistrot	café/bar
la vente à emporter	takeout/takeaway
Je peux vous aider?/Que désirez-vous?	May I help you?/What would you like?
Qu'est-ce que vous prenez?/Avez-vous choisi?	What will you have?/Have you chosen?

Comme entrée/En entrée, je vais prendre des crudités.	I'll have crudités (or raw veg) as a starter.
Après ça, je prendrai le plat du jour.	And then, I'll have the dish of the day.
Je pourrais avoir une carafe d'eau, s'il vous plaît?	May I have a jug of water, please?
J'achète un sandwich tous les midis.	I buy a sandwich every lunch time.
On se fait livrer des pizzas de temps en temps.	We have pizzas delivered now and again.
Nous mangeons assez souvent des plats à emporter.	We eat takeaway food quite often.
La France est connue pour sa cuisine gastronomique.	France is known for its gastronomic cuisine.
Dans les restaurants français, la corbeille de pain est gratuite.	In French restaurants, the bread basket is free of charge.
On va très peu souvent/régulièrement au restaurant.	We go rarely/regularly to restaurants.
Les restaurants et les cafés m'ont beaucoup manqué pendant les restrictions de COVID-19.	I really missed restaurants and cafés during the COVID-19 restrictions.

Mauvais pour la santé / Bad for your health

la malbouffe/la restauration rapide	junk food/fast food
les sucreries (fpl)/les bonbons (mpl)	sweets/sugary food (or soft drink (in Africa))
les matières (fpl) grasses	fats, oils
les boissons (fpl) gazeuses/énergisantes	fizzy/energy drinks
manger gras/salé/sucré	to eat fatty/salty/sugary food
être trop gourmand(e)	to overeat/indulge
Je mange beaucoup de hamburgers avec des frites.	I eat a lot of hamburgers with chips/fries.
J'ai souvent envie de manger quelque chose de sucré/de salé.	I often feel like/fancy eating something sweet/savoury.
J'ai tendance à grignoter des chips/des trucs (fam) salés entre les repas.	I have a tendency to nibble on crisps/savoury snacks between meals.
Je saute souvent le petit déjeuner/des repas.	I often skip breakfast/meals.
On mange beaucoup de plats tout préparés, qui contiennent beaucoup de sucre et de sel.	We eat a lot of ready-made meals which contain a lot of sugar and salt.

Une alimentation saine / Healthy eating

des produits (mpl) frais	fresh produce
des aliments (mpl) allégés/faibles en matière grasse	low-fat foods
des sucres (mpl) lents	slow-release carbs
manger équilibré/suivre un régime sain	to eat a healthy diet
faire attention à/surveiller son alimentation	to pay attention to/to monitor what you eat
Je ne mets pas de sucre dans mon thé.	I don't have sugar in my tea.
Je n'ajoute plus automatiquement de sel dans mon assiette.	I no longer automatically add salt to my meals.
J'ai réduit ma consommation de biscuits parce que ça fait grossir.	I'm eating fewer biscuits because they're fattening.
Le soir, j'évite la nourriture trop riche et les excitants.	In the evening, I avoid overly rich food and stimulants.
Je ne **sais** pas encore **cuisiner** mais je vais apprendre!	I don't **know how to cook** yet but I'm going to learn!
On **peut consommer** de tout mais avec modération.	You **can eat** a bit of everything but in moderation.

On **doit** surveiller la taille des portions si on veut perdre du poids.

Il faut manger cinq portions de fruits et légumes par jour.

Il vaut mieux privilégier la viande blanche, comme le poulet ou la dinde.

Il mange comme quatre! (id)

« Il faut manger pour vivre et non vivre pour manger. » (Molière, *L'avare*)

You **need** to check the size of helpings if you want to lose weight.

You should eat five portions of fruit and vegetables per day.

It is best to choose white meat such as chicken or turkey.

He eats like a horse. (*literal: He eats like four people.*)

"You must eat to live and not live for eating."

D Le bien-être physique

Les problèmes de santé — Health problems

être en mauvaise santé (f)	to be in poor health
être/tomber malade	to be/become ill
tousser/éternuer	to cough/to sneeze
avoir mal …	to have …
… à la tête/à la gorge/à la poitrine	… a headache/a sore throat/chest pains
… au dos/au ventre	… a backache/stomach ache
… aux dents/aux oreilles/aux yeux	… toothache/earache/sore eyes
être enrhumé(e)/fatigué(e)	to have a cold/to be tired
être allergique à/intolérant(e) à	to be allergic to/intolerant to
être diabétique/épileptique/cœliaque/asthmatique	to be diabetic/epileptic/celiac/asthmatic
souffrir …	to suffer …
… d'une maladie rare/grave/génétique	… from a rare/serious/genetic disease
… de troubles (mpl) respiratoires/cardiaques/du sommeil	… from a respiratory/cardiac/sleep disorder
… d'un handicap physique	… from a physical disability
avoir le nez qui coule/les yeux qui brûlent/les oreilles qui bourdonnent	to have a runny nose/burning eyes/ringing ears
avoir les symptômes de la grippe/de la gastro/de COVID-19 (ou du coronavirus)	to have symptoms of influenza/gastroenteritis/COVID-19 (or coronavirus)
aller à la pharmacie/chez le docteur/à l'hôpital (m)	to go to the pharmacy/to the doctor's/to hospital
voir/consulter un médecin	to see/consult a doctor
Je ne suis pas en forme.	I'm not feeling too good./I'm not on form.
Je ne me sens pas bien.	I don't feel well.
J'ai un rhume/une migraine/de la fièvre/de la température/de l'asthme/des règles douloureuses.	I have a cold/a migraine/a fever/a temperature/asthma/painful periods.
J'ai la nausée/des douleurs partout.	I have nausea/pain everywhere.
J'ai fait une allergie à/une réaction allergique à …	I (have) had an allergy to/an allergic reaction to …
Je n'arrive pas à dormir/manger.	I can't sleep/eat.
J'ai envie de vomir/de dormir.	I feel sick (or nauseous)/sleepy.
J'ai des boutons/des coups de soleil/des piqûres d'insectes.	I have spots/sunburn/insect bites.
Il a de l'asthme et il n'a pas dormi de la nuit.	He has asthma and hasn't slept all night.
* Je me suis brûlé(e)/blessé(e)/coupé(e).	I **burnt** myself/**hurt** myself/**cut** myself.
* Je me suis brûlé le doigt/la main/le bras/le pied/la jambe.	I **burned my finger**/hand/arm/foot/leg.
* Elle s'est fait mal à l'épaule/à la cheville/au coude/au cou/au genou.	She **hurt her** shoulder/ankle/elbow/neck/knee.
Je suis tombé(e) dans les pommes. (id)	I passed out/fainted. (literal: I fell in the apples.)
Il n'est pas dans son assiette. (id)	He feels under the weather. (literal: He is not in his plate.)
Il est malade comme un chien. (id)	He's sick as a dog. (id)

Comment garder la forme — Well-being

une activité physique	physical activity
un sport individuel	individual sport
un sport d'équipe/un sport collectif	team sport
faire du sport/de l'exercice	to do sports/exercise

jouer (à) …	to play …
… au football/au rugby/au tennis/au basket/au handball/au hockey	… football (soccer)/rugby/tennis/basketball/handball/hockey
faire (de) …	to go/do …
… du jogging (m)/du cyclisme (m)/du vélo (m)/du ski/du patinage (m)	… jogging/cycling/for a bike ride/skiing/skating
… de la natation/de la course (à pied)/de la gymnastique/de la musculation/de la randonnée	… swimming/running/gymnastics/weight training/hiking
… de l'équitation (f)/de l'escalade (f)	… horseback riding/climbing
aller (à) …	to go to …
… à la piscine/à la salle de gym	… the swimming pool/the gym
… au stade (m)/au centre (m) sportif	… the stadium/the sports centre
garder la forme/rester en forme	to keep fit/to stay in good shape
pratiquer un sport	to do (or to practise) a sport
faire de l'exercice (m)	to exercise
bien dormir/dormir suffisamment	to sleep well/to get enough sleep
bien manger/manger sainement	to eat well/to eat healthily
se relaxer/se détendre	to relax/to unwind
se reposer	to rest
se promener	to go for a walk
se coucher de bonne heure	to go to bed early
Je vais au lycée à pied tous les jours.	I walk to school every day.
J'ai entraînement de hockey deux fois par semaine.	I have hockey practice twice a week.
J'ai un match de handball toutes les semaines.	I have a handball game every week.
Je vais nager plusieurs fois par semaine.	I go swimming several times a week.
Je n'aime pas le sport, mais j'aime marcher et je sors le chien.	I don't like sports, but I like walking, and I take the dog out.
L'activité physique améliore la concentration.	Physical activity improves concentration.
Le yoga/la méditation, je trouve ça relaxant.	I find yoga/meditation relaxing.
Faire de la danse/Danser, ça me maintient en forme.	Dancing keeps me fit/in shape.
Avant, je ne **faisais** pas d'exercice et je n'**étais** pas en forme, mais maintenant, ça va mieux.	**Before,** I **didn't use to** exercise and I **wasn't** fit, but now I'm better.
Avant de pratiquer un sport, je n'**avais** pas d'énergie et j'**étais** toujours fatigué(e).	**Before** doing sports, I **had** no energy and I **was** always tired.
« avoir un esprit sain dans un corps sain » (dicton)	"to have a healthy mind in a healthy body"

La santé mentale — Mental health

le bien-être	wellbeing
l'équilibre (m)	balance
le bonheur	happiness
la confiance en soi	self-confidence
la résistance	resilience
la tristesse	sadness
des troubles alimentaires/du sommeil (m)	eating/sleeping disorders
le (cyber-) harcèlement	(cyber-) bullying
l'anxiété (f)	anxiety
la dépression	depression

Identités

le désespoir	despair
une tentative de suicide	suicide attempt
le cercle vicieux	vicious circle
être heureux/malheureux	to be happy/unhappy
être de bonne/de mauvaise humeur	to be in a good/bad mood
être épanoui(e)/renfermé(e)	to be fulfilled/withdrawn
avoir une bonne/une mauvaise estime de soi	to have good/poor self-esteem
être bien/mal dans sa peau, dans ses baskets (fam)	to feel good/bad about oneself
avoir les idées noires	to have dark thoughts/to be in a bad place
Ça me fait du bien/du mal.	It makes me feel good/bad.
Ça me rend heureux/heureuse/triste.	It makes me happy/sad.
Ça me donne le cafard/la pêche. (fam)	It gets me down./It makes me feel great.
J'ai/Je n'ai pas le moral.	I feel upbeat/I feel down.
Je (ne) me prends (pas) la tête.	I (don't) get all worked up.
Je n'arrive pas à me motiver/à me concentrer.	I can't motivate myself/focus.
Je me sens seul(e)/déprimé(e).	I feel lonely/depressed.
Il faut éviter de fumer, de boire de l'alcool et de se droguer pour ne pas devenir accro.	You must avoid smoking, drinking alcohol, and taking drugs so as not to become addicted.
Je pense qu'on passe trop de temps devant les écrans.	I think we spend too much time in front of screens.
* On peut se déstresser **en faisant** des activités agréables pendant ses loisirs.	You can unwind **by doing** enjoyable activities in your spare time.
* Personnellement, je me relaxe **en passant** du temps avec mes amis.	Personally, I relax **by spending** time with my friends.
* Beaucoup de gens se détendent **en jouant** d'un instrument de musique, **en faisant** la cuisine, ou **en jardinant**.	Many people relax **by playing** a musical instrument, **cooking**, or **doing gardening**.
* Certains jeunes essaient d'oublier leurs problèmes **en se droguant**.	Some young people try to forget their problems **by taking drugs**.
* Le manque de vie sociale, culturelle et sportive pendant la crise sanitaire de COVID-19 a affecté le moral de beaucoup de monde.	The lack of social, cultural, and sporting life during the COVID-19 health crisis affected the morale of many people.
Il a le moral dans les chaussettes. (id)	He feels really down. (*literal: His spirit's in his socks.*)
Il voit toujours la vie en rose. (id)	He always looks on the bright side of life. (*literal: He sees life in pink.*)

Expériences

A Habitudes quotidiennes

Voir 6 A (Les expressions temporelles)

Une journée scolaire typique
A typical school day

se réveiller	to wake up
se lever	to get up
se laver/se doucher/prendre un bain	to wash/to have a shower/to have a bath
s'habiller	to get dressed
se maquiller/se raser	to put makeup on/to shave
se peigner/se brosser les cheveux	to brush one's hair
se brosser les dents	to brush one's teeth
se laver les mains	to wash one's hands
se relaxer/se détendre/se reposer	to relax/to unwind/to rest
se coucher/aller au lit (m)	to go to bed
s'endormir	to fall asleep
avoir du temps pour faire quelque chose	to have (some) time to do something
passer du temps à faire quelque chose	to spend time doing something
prendre son temps pour faire quelque chose	to take your time to do something
mettre (du temps) à faire/pour faire quelque chose	to take (time) doing something

Le matin, je me réveille **à** 7 heures et je me lève.
In the morning, I wake up **at** 7 o'clock and I get up.

D'abord, je vais dans la salle de bains pour faire ma toilette et me préparer.
First, I go to the bathroom to wash myself and to get ready.

Puis je prends mon petit déjeuner: en général, des céréales et un café.
Then I have breakfast, usually cereal and coffee.

Ensuite, je prépare mes affaires pour aller au lycée.
Then I get my things ready for school.

Après ça, je quitte la maison pour prendre le bus pour aller au lycée.
After that, I leave home to take the bus to school.

À midi, je déjeune à la cantine ou, parfois, je sors acheter quelque chose à manger.
At lunchtime, I have lunch in the canteen or sometimes I go out to buy something to eat.

En sortant du lycée, je vais en ville faire du bénévolat pour le projet CAS.
When I leave school, I go into town to do volunteer work for CAS.

En rentrant à la maison, je fais tout de suite mes devoirs pour être débarrassé(e)!
When I get home, I do my homework right away to be rid of it!

Une fois que j'ai tout fini, j'aime me détendre devant la télé et passer du temps avec ma famille.
Once I've done everything, I like to relax in front of the television and spend time with my family.

Finalement, vers 23h30, je vais me coucher. J'aime bien lire **avant de** dormir.
Finally, at about 11.30pm, I go to bed. I like to read **before** going to sleep.

Mon réveil sonne à 6 heures, mais je reste/je m'attarde un peu au lit avant de me lever.
My alarm clock goes off at 6 o'clock but I stay/linger a bit in bed before getting up.

Je dois me dépêcher parce que je suis toujours en retard.
I have to hurry because I'm always late.

Quand je suis pressé(e), mes parents me déposent au lycée en voiture.
When I am in a hurry, my parents drop me off at school by car.

Avant, je mettais plus d'une heure pour aller à l'école.
It used to take me more than an hour to go to school.

Personnellement, je me suis habitué(e)/je me suis fait(e) à la vie en pensionnat.
Personally, I have got used to boarding school life.

Je passe tout mon temps libre à faire mes devoirs.
I spend all my free time doing my homework.

Nous avons l'impression que le programme IB nous occupe du lever au coucher.
We feel that the IB programme keeps us busy from the moment we get up until we go to bed.

Le rythme de vie n'est pas le même dans tous les pays.
The pace of life is not the same in all countries.

Pendant la pandémie de COVID-19, on avait cours en ligne *toute la journée*. C'était très difficile.
During the COVID-19 pandemic, we had lessons online **all day long**. It was very difficult.

Si j'allais à l'école de mon quartier, ma *journée scolaire* serait moins longue.
If I went to school in my neighbourhood, my **school day** would be shorter.

Dans certains pays, les jeunes ont un long *trajet* à faire, souvent à pied, pour aller à l'école.
In some countries, young people have a long **journey** to school, often on foot.

faire la grasse matinée (id)
to sleep in (*literal: to do a fat morning*)

le petit train-train quotidien (id)
the daily grind

Je ne suis pas du matin (id) : j'ai du mal à me lever!
I'm not a morning person: I find it hard to get up!

Ma vie, c'est métro-boulot-dodo. (id)
My life is all work and no play. (*literal: commute, work, sleep*)

Voir 6 A (Les expressions de temps)

Aider à la maison
Helping at home

les tâches (fpl)/corvées (fpl) ménagères	household chores
faire les courses (fpl)	to do the shopping
faire la cuisine	to do the cooking
faire la vaisselle	to do the dishes
faire le ménage	to do the cleaning
faire la lessive/le linge	to do the laundry
faire le repassage (*ou* repasser)	to do the ironing
faire la poussière	to dust
faire son lit	to make one's bed
faire le jardin/du jardinage (*ou* jardiner)	to do the gardening
faire du bricolage (*ou* bricoler)	to do DIY/odd jobs
passer l'aspirateur (m)	to vacuum (*or* to hoover)
passer le balai (*ou* balayer)	to sweep
passer la serpillière	to mop the floor
passer un chiffon	to dust
passer la tondeuse	to mow the lawn
nettoyer le four/le micro-ondes	to clean the oven/the microwave oven
nettoyer les vitres	to clean the windows
mettre le couvert/débarrasser la table	to lay the table/to clear the table
vider le lave-vaisselle	to empty the dishwasher
mettre de l'ordre/ranger	to tidy
sortir les poubelles	to take out the bins
promener/sortir le chien	to walk/take the dog out
laver la voiture	to wash the car

Tous les dimanches, mon job, c'est d'arroser les plantes.
Every Sunday, my job is to water the plants.

Je donne à manger aux animaux.
I feed the animals.

Quand j'ai le temps, j'aide ma mère à faire à manger.
When I have time, I help my mother cook.

Dès que je peux, je fais les courses pour ma voisine dans le cadre du CAS.
Whenever I can, I do the shopping for my neighbour as part of CAS.

Dans ma famille, on se partage les tâches et le planning est affiché sur le frigo.	In my family, we share tasks among ourselves and the schedule is displayed on the fridge.
Aider au ménage, ça ne me dérange pas, mais je refuse de nettoyer les toilettes!	I don't mind helping with the chores, but I refuse to clean the toilets!
Chez moi, on ne repasse pas le linge parce qu'on pense que c'est une perte de temps.	At home, we don't iron clothes because we think it's a waste of time.
Je m'occupe de mes frères et sœurs et en échange, mes parents me donnent de l'argent de poche.	I look after my brothers and sisters and in exchange, my parents give me pocket money/an allowance.
Je ne participe pas aux tâches ménagères parce que nous avons une femme de ménage.	I don't do any household chores because we have a cleaning lady.
Pendant le confinement dû à la COVID-19, on a fait un grand ménage de printemps dans la maison! (*le* covid est aussi utilisé)	During the COVID-19 lockdown, we did a big spring clean in the house!
Mes frères font **moins de** ménage **que** moi et je ne trouve pas ça normal.	My brothers do **less** housework **than** me and I don't think it's fair.
Les chiffres montrent qu'en France, les femmes font encore toujours **plus de** tâches ménagères **que** les hommes.	Figures show that in France, women are still doing **more** housework **than** men.
Mon père passe **autant de** temps **que** ma mère dans la cuisine, car il adore cuisiner.	My father spends **as much** time in the kitchen **as** my mother because he loves cooking.
Les femmes travaillent **autant que** les hommes à l'extérieur, mais elles font 80% des tâches domestiques.	Women work outside the home **as much as** men, but do 80% of domestic chores.
Je ne sais pas si, un jour, les garçons feront **plus que** les filles!	I don't know if, one day, boys will do **more than** girls!
* Si les femmes font **moins qu'**avant, la répartition des corvées n'est toujours pas égalitaire.	Although women are doing **less than** before, the distribution of chores is still not equal.
* Entre les devoirs, les tâches ménagères et un petit boulot le week-end, certains jeunes n'ont aucun temps libre.	Between homework, housework, and a weekend job, some young people have no free time at all.
* Dans certains pays, les filles font aussi les tâches manuelles, comme aller chercher de l'eau ou du bois.	In some countries, girls also do manual tasks such as fetching water or firewood.
Il donne un coup de main. (id)	He gives/lends a hand. (*literal: He gives a stroke of a hand.*)
Il ne met jamais la main à la pâte. (id)	He never mucks in. (*literal: He never puts a hand in the dough.*)

B Loisirs

Ce que j'aime faire – ou pas	What I like doing – or not
le temps libre	free time
un passe-temps	pastime
une activité de loisir	leisure activity
un centre d'intérêt	interest
une passion	passion
écouter de la musique	to listen to music
jouer d'un instrument	to play an instrument
lire un livre/un magazine/des BD (fpl)	to read a book/a magazine/comics
regarder la télé/des vidéos (fpl) sur YouTube	to watch television/YouTube videos
faire du bricolage/des travaux (mpl) manuels	to do arts and crafts
faire du dessin (m)/de la peinture/prendre des photos (fpl)	to draw/to paint/to take photos
regarder un film/une série/un match	to watch a film/a series/a match
aller en boîte (f) (de nuit)/en discothèque (f)	to go to a nightclub
aller à des fêtes (fpl)/des soirées (fpl)	to go to parties
aller sur Internet (m)/sur les réseaux (mpl) sociaux	to go on the internet/on social networks
aller au cinéma (m)/au théâtre (m)/au concert	to go to the cinema/to the theatre/to the concert
supporter/soutenir une équipe	to support a team
suivre des influenceurs/des youtubeurs	to follow influencers/YouTubers
être avec/passer du temps avec ses amis	to be with/to spend time with friends
faire partie d'une équipe/d'un groupe/d'un club	to belong to a team/a band/a club
répéter/avoir des répétitions (fpl)	to rehearse/to go to rehearsals
s'entraîner/aller à l'entraînement (m)	to train/to go to training practice
participer à des ateliers (mpl) de couture (f)/de cuisine (f)	to go to sewing/cooking workshops
Qu'est-ce que tu aimes faire pendant ton temps libre/tes loisirs?	What do you like to do in your free time/leisure time?
Mon passe-temps favori, c'est la lecture.	My favourite pastime is reading.
Pendant mon temps libre, j'aime écrire mon journal intime/mon blog.	During my free time, I like writing my diary/my blog.
Les échecs, ça me passionne.	Chess is my passion.
Le tricot, ça me relaxe.	Knitting relaxes me.
Les expos, ça ne m'intéresse pas beaucoup.	I'm not very interested in exhibitions.
Les jeux de société, ça m'ennuie.	Board games bore me.
Les activités de plein air, ça ne me dit rien.	Outdoor activities don't appeal to me.
La musique classique, je trouve ça ennuyeux.	I find classical music boring.
Je fais de la musculation pour garder la forme et ça me fait du bien.	I do weight training to keep fit and it does me good.
Je fais de longues balades dans la nature pour m'oxygéner.	I take long walks in nature to get some fresh air.
Je joue dans des orchestres pour me faire de nouveaux amis et m'évader du stress de la vie quotidienne.	I play in orchestras to make new friends and escape the stress of everyday life.
Quand j'ai un peu de temps libre, je discute avec mes copains en ligne.	When I have some free time, I chat with my friends online.

Dès que je peux, je joue à des jeux vidéo sur ma console ou à des jeux en ligne.	As soon as I can, I play video games on my console or online games.
Quand je suis libre, je fais des activités organisées à la maison des jeunes.	When I am free, I join in organized activities at the youth centre.
Comme je suis supporteur de l'équipe de foot de ma ville, je vais à tous leurs matchs.	As I am a supporter of my town's football team, I go to all their games.
Quand il fait beau, j'aime bien sortir mon chien et me promener en famille.	When the weather is nice, I like to take my dog out and go for walks with my family.
Quand il pleut, je préfère rester chez moi et ne rien faire!	When it rains, I prefer to stay at home and do nothing!
Avant, je faisais beaucoup d'activités de loisirs, mais je n'ai plus le temps à cause du travail scolaire.	I used to do a lot of leisure activities, but I don't have time anymore because of schoolwork.
Pendant le confinement dû à la COVID-19, on ne pouvait pas sortir, alors je me suis découvert une nouvelle passion: le jardinage!	During the COVID-19 lockdown, we couldn't go out, so I found a new passion: gardening!
Avoir des loisirs et décompresser, c'est essentiel pour avoir un bon équilibre mental.	Free time and relaxation are essential for good mental balance.
Participer à des activités culturelles, ça permet de rencontrer des gens qui ont les mêmes centres d'intérêt.	Taking part in cultural activities allows you to meet people with similar interests.
Tous les jeunes n'ont pas le privilège d'avoir du temps libre ou assez d'argent pour pratiquer un loisir.	Not all young people have the privilege of having free time or enough money to have a hobby.
* **Ce que** j'aime **le plus** pendant mon temps libre, c'est me tenir au courant de la mode parce que ça me détend.	**What** I like **the most** in my free time is to keep up to date with fashion because it relaxes me.
* **Ce qui** me plaît **le plus,** c'est les loisirs créatifs parce que c'est différent du travail scolaire et ça m'aide à me décontracter.	**What** I like **most** are creative hobbies because they're different from schoolwork and they help me to unwind.
* **Ce qui** m'intéresse **le plus,** c'est de faire du bénévolat pour aider les autres.	**What** I am **most** interested in is volunteering to help others.
C'est un vrai pantouflard. (id)	He's a stay-at-home kind of person. (*literal: He's a real slipper-lover.*)
C'est une véritable touche-à-tout. (id)	She dabbles in a lot of things. (*literal: She touches everything.*)

Les lieux de sortie / Going out places

un cinéma/un multiplexe	cinema/multiplex
une salle de théâtre/de concert/de spectacles (mpl)/de sport/multisports	theatre/concert/performance/sport/multi-sport hall
un club de danse/de musique/de bricolage	dance/music/do-it-yourself club
un conservatoire	music school
une maison des jeunes	youth centre
une bibliothèque/une médiathèque	library/multimedia library
une discothèque/une boîte (de nuit)	nightclub
un musée/une salle d'expositions	museum/gallery, exhibition hall
un centre commercial/sportif/équestre/de loisirs	shopping/sports/equestrian/leisure centre
une piscine	swimming pool
une patinoire	skating/ice rink
un stade	stadium
un terrain de sport/de football	sports field/football pitch
un bowling	bowling alley

les heures (fpl) d'ouverture	opening times
l'horaire (m) des séances (fpl)/représentations (fpl)/spectacles (mpl)	show times
acheter un billet/une place (en ligne)	to buy a ticket/seat (online)
réserver/faire une réservation (en ligne)	to book (online)
bénéficier d'une réduction	to get a discount
avoir une carte d'abonnement (m)	to have a membership card/a season ticket
Je voudrais réserver trois places pour le spectacle de ce soir, s'il vous plaît.	I would like to book three seats for tonight's show, please.
Est-ce qu'il y a un tarif jeune/étudiant/réduit?	Is there a youth/student/reduced rate?
Qu'est-ce qu'il y a au programme?	What's on?
Ici, les équipements de loisirs sont excellents/insuffisants.	Leisure facilities here are excellent/inadequate.
Il y a beaucoup de choses à faire pour les jeunes dans ma ville.	**There are many things** for young people to do in my town.
Par ici, il n'y a rien à faire pour les jeunes.	Around here, **there is nothing** for young people to do.
Il n'y a pas grand-chose à faire dans mon quartier.	**There is not much** to do in my neighbourhood.
Selon moi, dans ma ville, il manque un mur d'escalade et un skatepark.	In my opinion, **what's missing** in my town **is** a climbing wall and a skatepark.
Je pense qu'on a besoin d'un centre qui offre gratuitement des activités créatives, culturelles, musicales et sportives.	I think **we need** a centre that offers free creative, cultural, musical, and sporting activities.
Il faudrait plus d'activités pour les jeunes, comme des laser games et des escape games.	**There should be more** activities for young people, such as laser games and escape games.

Si on sortait?

Let's go out!

Tu es/Vous êtes libre(s) ce soir/demain après-midi/ce week-end?	Are you free tonight/tomorrow afternoon/this weekend?
Tu voudrais/aimerais …/Vous voudriez/ aimeriez …	**Would you like …**
… sortir ce soir?	… to go out tonight?
… aller en ville avec moi?	… to go to town with me?
On pourrait …	**We could …**
… aller voir un film	… go and see a film
… aller manger quelque chose	… go and eat something
Ça te/vous dirait de/d'…	**Would** you like to …
… faire un tour en ville (f)?	… go for a walk around town?
… aller prendre un verre?	… go for a drink?
Si on allait …	**What about going …**
… faire du lèche-vitrine (m)?	… window-shopping?
… se promener au parc (m)/au bord (m) du lac (m)?	… for a walk in the park/by the lake?
D'accord, je veux bien.	All right, I'd like that.
Super idée, allons-y!	Great idea, let's go!
On se retrouve devant le ciné à 18 heures.	See you in front of the cinema at 6pm.
Ça dépend.	It depends.
Ça m'est égal./Ça ne me dérange pas.	I don't mind.
C'est comme tu veux/vous voulez.	It's up to you.

Si on allait plutôt …?	Why don't we go instead …?
J'aimerais mieux/Je préférerais sortir demain.	**I'd rather** go out tomorrow.
Ah désolé(e), je ne peux pas.	Ah sorry, I can't.
Excuse-moi/Excusez-moi, mais je ne suis pas libre.	I'm sorry, but I'm not free.
Je regrette, je ne vais pas pouvoir.	I'm sorry, I won't be able to.
Dommage, mais je suis occupé(e) ce soir.	A pity, but I'm busy tonight.
C'est impossible ce soir. Une prochaine fois?	It's not possible tonight. Another time?
Ça ne va pas être possible parce que j'ai trop de travail.	It's not going to be possible because I have too much work.
Ça ne m'intéresse pas vraiment.	I'm not really interested.
Ça ne me dit rien. (fam)	It doesn't really appeal to me.
Ce n'est pas mon truc. (fam)	It's not my thing.

C Vacances

Vive les vacances! — Hurray for the holidays!

les grandes vacances (fpl)/les vacances d'été	summer holidays
les petites vacances/les vacances de mi-trimestre	half-term break
les congés (mpl)	leave/holiday
partir en vacances	to go on holiday
aller/partir …	to go …
… à la campagne	… to the countryside
… à la montagne	… to the mountains
… au bord de la mer/à la mer/à la plage	… to the seaside/the beach
… en ville (f)/dans un village	… to a city/a village
… en camp (m) de vacances	… to summer camp
… dans une station balnéaire	… to a seaside resort
… dans une station de sports (mpl) d'hiver/de ski (m)	… to a winter sports/ski resort
… sur une île	… to an island
… à l'étranger (m)	… abroad
aller/loger dans …	to stay in …
… un hôtel/un hôtel trois étoiles	… a hotel/a three-star hotel
… un gîte/une chambre d'hôte	… a gite/a bed and breakfast
… une location	… rented accommodation/a rental
… une auberge de jeunesse	… a youth hostel
… un camping/un mobile home/une caravane	… a campsite/a mobile home/a caravan
camper …	to camp …
… en forêt (f)/dans les bois (mpl)	… in a forest/in the woods
… au bord de l'eau (f)/au bord d'un lac/d'une rivière	… on the waterfront/by a lake/by a river
dormir sous la tente/bivouaquer	to sleep in a tent/to go bivouacking
faire des randonnées (fpl) à pied/en VTT (vélo tout-terrain)	to go hiking/mountain bike riding
passer du temps en famille	to spend time with family
bronzer dans le jardin	to sunbathe in the garden
faire la grasse matinée/dormir jusqu'à midi	to sleep in/to sleep until noon
faire la sieste	to take a nap
En général, je passe mes vacances à la maison/chez moi.	Usually, I spend my holidays at home.
Nous faisons des excursions à la journée dans la région.	We go on day trips in the area.
Avec mes copains, on va passer une journée dans un parc d'attractions/un parc à thème.	With my friends, we spend a day in an amusement park/theme park.
Chaque été, je fais un stage/un atelier de musique/théâtre avec un groupe d'amis.	Every summer, I go on a music/drama course/workshop with a group of friends.
Quand il fait beau, on va se promener/faire des promenades/des randonnées dans la nature.	When the weather is nice, we go for walks/hikes outdoors.
Quand il ne fait pas beau/il fait mauvais/il pleut, je reste buller/glander (fam) à la maison.	When the weather's bad/When it rains, I hang out (fam) at home.

2 Expériences

Les vacances idéales pour moi, c'est de passer la journée à la plage avec des copains. — The ideal holiday for me is spending a whole day at the beach with friends.

Pour moi, les vacances, c'est m'évader de la routine quotidienne. — For me, holidays are an escape from my daily routine.

Pendant les vacances, j'aime bien découvrir des paysages nouveaux. — During the holidays, I like to discover new scenery/landscapes.

Beaucoup de jeunes ont un job d'été et travaillent pendant toutes les vacances. — Many young people have a summer job and work throughout the holidays.

Quand **j'étais petit(e), je passais** l'été en colonie de vacances. — When **I was little, I used to spend** the summer at a holiday camp.

Les vacances **dernières, j'ai passé** un mois dans la maison de campagne des parents de mon copain. — **Last** holiday, **I spent** a month in my boyfriend's parents' house in the country.

Les vacances **prochaines, je vais passer** une semaine chez mes grands-parents. — During the **next** holidays, **I am going to spend** a week at my grandparents'.

Quand j'aurai 18 ans, je passerai mes vacances à faire du bénévolat. — **When I am 18, I will spend** my holidays doing volunteer work.

Si je pouvais, je passerais toutes mes vacances à faire des stages de plongée! — **If I could, I would spend** all my holidays doing diving courses!

lever le pied (id) — to take it easy (*literal: to lift one's foot*)

se mettre au vert (id) — to get out into the countryside (*literal: to go into the green*)

Les voyages à l'étranger — Holidays abroad

partir à l'étranger (seul(e)/en groupe (m)/ en voyage (m) organisé) — to go abroad (alone/in a group/on an organized trip)

partir faire un stage/des cours (mpl) d'été — to go on an internship/a summer course

faire un séjour (linguistique/en immersion) — to go on a language study holiday/immersion course

faire un voyage/un échange scolaire — to go on a trip/a school exchange

être logé(e)/hébergé(e) dans une famille d'accueil — to stay with a host family

avoir de la famille/des amis dans le pays — to have family/friends in the country

Mon voyage préféré, c'est quand **je suis allé(e)** … — My favourite trip was when **I went** …

… à (+ *ville*) Paris/Dakar. — … to Paris/Dakar.

… en (+ *pays féminin qui finit en –e*) France/Nouvelle-Calédonie. — … to France/New Caledonia.

… au (+ *pays masculin*) Sénégal/Liban. — … to Senegal/Lebanon.

… aux (+ *pays pluriel*) Antilles/États-Unis. — … to the West Indies/the United States.

Je suis parti(e) fin juillet et **je suis rentré(e)** fin août. — **I left** at the end of July and **came back** at the end of August.

Je suis resté(e) là-bas pendant un mois. — **I stayed** there for a month.

Le voyage **a duré** 18 heures avec une escale à l'aéroport de Dubaï. — The journey **took** 18 hours with a stopover at Dubai airport.

Quand **je suis arrivé(e), j'ai pris** un taxi pour aller au centre-ville. — When **I arrived, I took** a taxi to the city centre.

Je suis allé(e) à l'hôtel. — **I went** to the hotel. (*or* **I stayed** at a hotel.)

Je suis sorti(e) tous les jours et **j'ai vu** beaucoup de choses. — **I went out** every day and **saw** a lot of things.

J'ai visité des musées et des monuments historiques. — **I visited** museums and historical monuments.

J'ai découvert des endroits fascinants. — **I discovered** fascinating places.

J'ai rencontré des gens très sympa. — **I met** some very nice people.

J'ai bu et **j'ai mangé** des spécialités locales. — **I drank** and **ate** local specialities.

Je me suis reposé(e) quelques jours à la plage.	I rested a few days on the beach.
J'ai fait un voyage inoubliable: je me suis vraiment bien amusée(e).	I had an unforgettable trip: I really enjoyed myself/I had a really good time.
J'ai passé d'excellentes vacances: je ne me suis pas ennuyé(e) une seconde.	I had an excellent holiday: I wasn't bored/I didn't get bored for a second.
Une chose qui m'a surpris(e) en France, c'était la longueur des repas!	One thing that surprised me in France was how long meals took!
Ce qui m'a étonné(e) pendant mon voyage, c'est de voir à quel point nous vivons de façon différente/similaire.	What amazed me during my trip was to see what different/similar lives we live.
La seule chose que je n'ai pas aimée en France, c'était le petit déjeuner.	The only thing I didn't like in France was breakfast.
Nous sommes beaucoup à l'école à avoir de la famille dans plusieurs pays et nous allons les voir pendant les grandes vacances.	Many of us at school have relatives in several countries and we visit them during the long holidays.
On dit que « les voyages forment la jeunesse » et je suis tout à fait d'accord: mon rêve serait de faire le tour du monde!	It is said that 'travel broadens the mind' and I totally agree: my dream would be to travel around the world!
Pour moi, voyager à l'étranger est essentiel pour découvrir d'autres cultures et d'autres modes de vie.	For me, travelling abroad is essential (in order) to discover other cultures and ways of life.
Les voyages coûtent cher et restent un luxe pour beaucoup.	Travel is expensive and remains a luxury for many.
« Le véritable voyage de découverte ne consiste pas à chercher de nouveaux paysages, mais à avoir de nouveaux yeux. » Marcel Proust (écrivain français, 1871–1922)	'The real voyage of discovery is not about looking for new landscapes but finding new eyes.' Marcel Proust (French writer, 1871–1922)

Voir 3 A

Les transports / Transport

en avion (m)/en bateau (m)/en car (m)/en train (m)	by plane/by boat/by bus, coach/by train
en bus (m)/en métro (m)/en tram(way) (m)/en rickshaw (m)	by bus/by underground/by tram(way)/by rickshaw
en voiture (f)/en taxi (m)	by car/by taxi
à pied (m)/à vélo (m), à bicyclette (f)/à moto (f)	on foot/by bicycle/by motorbike
Quand nous irons à Montréal, nous utiliserons les transports en commun. C'est plus intéressant et moins cher que le taxi.	When we go to Montreal, we will use public transport. It's more interesting and cheaper than a taxi.
Quand je visiterai Paris, je prendrai le Batobus. C'est une navette fluviale qui évite les embouteillages!	When I visit Paris, I will take the Batobus. It's a river shuttle that avoids traffic jams!
Quand j'aurai mon permis de conduire, je partirai en vacances en voiture parce qu'on peut s'arrêter où on veut.	When I get my driving licence, I will go on holiday by car because you can stop wherever you want.

Le tourisme : le pour et le contre

La France est l'une des premières destinations touristiques au monde.

Les touristes sont attirés par le climat, la diversité des paysages et la variété des sites.

Beaucoup veulent profiter de la richesse du patrimoine historique, artistique et culturel.

Les infrastructures touristiques sont excellentes.

Le tourisme, **comme** le tourisme vert/à la ferme, est bon pour l'économie d'une région pauvre.

Les touristes peuvent aider les communautés locales, **par exemple** en achetant des produits artisanaux.

* De plus en plus de touristes sont éco-responsables, **c'est-à-dire qu'**ils respectent et protègent l'environnement local.

* Le tourisme de masse peut mettre en danger les sites naturels, **entre autres** les plages de la Méditerranée.

* Le tourisme peut avoir un impact négatif, **notamment** avec une augmentation de la pollution par les déchets.

* Certains touristes ont un comportement choquant; **en effet,** ils ne respectent pas la culture du pays qu'ils visitent.

Tourism: pros and cons

France is one of the top tourist destinations in the world.

Tourists are attracted by the climate, the diversity of landscapes, and the variety of sites.

Many want to make the most of the rich historical, artistic, and cultural heritage.

The tourist infrastructure is excellent.

Tourism, **such as** green/farm tourism, is good for the economy of a poor region.

Tourists can help local communities, **for example** by buying local handicrafts.

More and more tourists are eco-responsible, **ie** (*or* **that is**) they respect and protect the local environment.

Mass tourism can endanger natural sites, **such as** Mediterranean beaches.

Tourism can have a negative impact, **especially** with an increase in waste pollution.

Some tourists behave in a shocking way; **indeed**, they do not respect the culture of the country they are visiting.

D Fêtes et célébrations

Fêtes officielles en France / Official holidays in France

une fête civile (C)/d'origine (f) religieuse (R)/d'origine historique (H)	a national holiday/a holiday of religious origin/a holiday of historical origin
un jour férié/chômé	public holiday/non-working day
Il y a 11 jours fériés en France:	There are 11 public holidays in France:
le jour de l'An (1er janvier) (C)	New Year's Day (1st January)
le lundi de Pâques (mars ou avril) (R)	Easter Monday (March or April)
la Fête du Travail (1er mai) ou Journée internationale des travailleurs (C)	May Day (1st May) or International Workers' Day
le 8 mai (Victoire des alliés) (H)	Victory in Europe Day (WW2) (8th May)
le jeudi de l'Ascension (mai) (R)	Ascension Thursday (May)
le lundi de Pentecôte (mai ou juin) (R)	Whit Monday (May or June)
la Fête nationale (14 juillet) (H)	National Day (or Bastille Day) (14th July)
l'Assomption (15 août) (R)	Assumption Day (15th August)
l'Armistice (11 novembre) (H)	Remembrance Day (WW1) (11th November)
la Toussaint (1er novembre) (R)	All Saints' Day (1st November)
Noël (m) (25 décembre) (R)	Christmas (25th December)
le drapeau/l'hymne (m) national	national flag/anthem
des rues (fpl) décorées	decorated streets
un défilé militaire/syndical	military/trade union parade
une grande parade	big parade
un feu d'artifice	fireworks
un bal populaire/de rue/un bal musette	popular/street ball/ball with accordion music
une fête foraine/une animation de rue	funfair/street entertainment
des célébrations (fpl) qui durent plusieurs jours/semaines	celebrations lasting several days/weeks
Pendant la pandémie de COVID-19, **on a annulé** la plupart des célébrations.	During the COVID-19 pandemic, most celebrations **were cancelled**.
En France, en mai, **on fait** souvent **le pont**: on ne travaille pas entre le jour férié et le week-end.	In France, in May, **people** often **take a long weekend** and don't work between the holiday and the weekend.
En France, le 1er mai, **on s'échange** des brins de muguet, comme porte-bonheur.	In France, on 1st May, **you give each other** lily of the valley sprigs for good luck.
Le 14 juillet, **on fête** la prise de la Bastille et le début de la Révolution française.	On 14th July, **people celebrate** the storming of the Bastille (prison) and the beginning of the French Revolution.
Pendant la Fête nationale, dans beaucoup de pays africains, **on commémore** l'Indépendance.	During the National day, in many African countries, **they commemorate** Independence Day.
Dans les départements et territoires d'outre-mer français, **on célèbre** l'Abolition de l'esclavage.	In the French overseas departments and territories, **people celebrate** the Abolition of Slavery.
Dans certains pays francophones, **on marque** la Journée internationale des femmes par un jour férié.	In some French-speaking countries, International Women's Day **is marked** by a public holiday.
À la Toussaint, **beaucoup de Français vont** au cimetière nettoyer les tombes et y mettre des chrysanthèmes.	For All Saints' Day, **many French people go** to the cemetery to clean graves and put chrysanthemums on them.
Ici, on ne fête pas la Pentecôte, mais en France, **les gens partent** en long week-end et restent coincés dans les embouteillages!	Here, we don't celebrate Pentecost, but in France, **people go** on long weekends and get stuck in traffic jams!
En France, **beaucoup de monde assiste** au défilé du Nouvel An chinois.	In France, **many people attend** the Chinese New Year parade.

Faire la fête en famille / Celebrating with the family

la naissance d'un bébé/le baptême/la circoncision	birth of a baby/baptism/circumcision
la communion/la bar-mitzvah/la bat-mitzvah	Communion/bar mitzvah/bat mitzvah
une cérémonie d'initiation (f)/un rite de passage	initiation ceremony/a rite of passage
des fiançailles (fpl)	engagement
un mariage/un PACS	marriage (wedding)/civil partnership
un anniversaire de mariage (m)	wedding anniversary
une cousinade	cousins' meet-up/cousinfest/family reunion
un anniversaire	birthday
la fête des mères/des pères	Mother's/Father's Day
(le réveillon) de Noël/de la Saint-Sylvestre	Christmas Eve/New Year's Eve
un cadeau (d'anniversaire/de mariage/de Noël)	(birthday/wedding/Christmas) present (or gift)
une carte de vœux	greeting card
un chant traditionnel	traditional song
aller à l'église (f)/à la mosquée/à la synagogue/au temple (m)	to go to church/to the mosque/to the synagogue/to the temple
inviter la famille/les amis	to invite family/friends
faire un gâteau avec des bougies (fpl)	to make a cake with candles
préparer un repas spécial	to prepare a special meal
mettre des vêtements (mpl) de fête	to wear festive clothes
donner/s'échanger/recevoir des cadeaux (mpl)	to give/exchange/receive gifts
donner/recevoir des étrennes (fpl) (du Nouvel An)	to give/receive a New Year's gift (generally money)
envoyer une carte/des fleurs (fpl)	to send a card/flowers
souhaiter un bon anniversaire/une bonne année	to wish (someone) Happy Birthday/Happy New Year
« Joyeux Noël! »	'Merry Christmas!'
« Bonne année! »	'Happy New Year!'
« Joyeux anniversaire! »/« Bonne fête! » (au Québec)	'Happy Birthday!'

Ma fête préférée, c'est Noël parce que j'adore décorer le sapin et la maison.
My favourite special occasion is Christmas because I love decorating the tree and the house.

Noël est une fête magique pour les petits qui croient au Père Noël.
Christmas is a magical occasion for children who believe in Father Christmas.

On organise des chasses aux œufs en chocolat pour les enfants du voisinage à Pâques.
Chocolate egg hunts are organized for local children at Easter.

En France, pour Noël, il est traditionnel de manger des huîtres, de la dinde et une bûche au chocolat.
In France, for Christmas, it is traditional to eat oysters, turkey, and a chocolate log.

En général, je fête mon anniversaire **en organisant** une soirée chez moi.
I usually celebrate my birthday **by organizing** a party at my house.

Chez nous, on fête la Chandeleur **en faisant** des crêpes sucrées.
At home, we celebrate Candlemas **by making** sweet pancakes.

Les amoureux fêtent la Saint-Valentin, **en s'envoyant** une carte et **en s'offrant** un petit cadeau.
Lovers celebrate Valentine's Day **by sending each other** a card and **giving each other** a small gift.

Pour l'Aïd al-Fitr, à la fin du Ramadan, on remercie Allah **en partageant** un repas traditionnel avec toute la famille.
For Eid-ul-Fitr, at the end of Ramadan, we thank Allah **by sharing** a traditional meal with the whole family.

Dans ma famille, on célèbre Pessah (la Pâque juive) **en mangeant** de l'agneau et un pain spécial.
In my family, we celebrate Pesach (the Jewish Passover) **by eating** lamb and a special bread.

Ici, on ne fait rien, mais dans beaucoup de pays, les gens se déguisent et il y un défilé de chars pour Mardi Gras.

Here, we don't do anything but in many countries, people dress up and there is a parade of floats for Mardi Gras.

Aux Antilles françaises, il y a une super ambiance pour le Carnaval de Mardi Gras et les fêtes durent plusieurs semaines.

In the French West Indies, there is a great atmosphere for the Mardi Gras Carnival and celebrations last several weeks.

La Fête des Voisins, c'est l'occasion de faire connaissance autour d'un apéritif/d'un pique-nique/d'un buffet.

Neighbours' Day is an opportunity to get to know each other over an aperitif/picnic/buffet.

* Dans ma famille, bien qu'on ne soit pas très pratiquant, on fête toujours l'Aïd.

In my family, **although we are not** very religious, we always celebrate Eid.

* Bien qu'on ne soit pas français, on fait toujours la galette des rois, ce gâteau spécial avec une fève et une couronne, pour l'Épiphanie (le 6 janvier).

Although we are not French, we always make the *galette des rois*, that special cake with a charm and a crown, for Epiphany (6th January).

* Bien qu'on se soit vus sur Zoom ou Skype, les fêtes de famille nous ont beaucoup manqué pendant le confinement dû à la COVID-19.

Although we saw each other on Zoom or Skype, we really missed family occasions during the COVID-19 lockdown.

On se met sur notre 31. (id)

We put on our best clothes (*literal: We get on our 31.*)

À Noël, on met les petits plats dans les grands. (id)

At Christmas, we prepare a fantastic meal. (*literal: We put small dishes into big ones.*)

L'importance des fêtes

un rite familial

des retrouvailles (fpl) conviviales/chaleureuses

grand rassemblement national

permettre aux gens de se retrouver

réunir différentes générations (fpl)

transmettre des traditions (fpl)/des valeurs (fpl)

Pendant la pandémie, on a réalisé à quel point les fêtes familiales sont importantes.

Les grandes célébrations joyeuses comme le Carnaval, ça permet de se changer les idées.

On retrouve des célébrations similaires dans différentes cultures, mais chaque culture a aussi ses fêtes particulières.

Les traditions et les fêtes évoluent: les marchés de Noël et Halloween n'étaient pas une tradition française mais le sont devenus.

Je pense que c'est essentiel d'avoir des fêtes pour pouvoir passer de bons moments ensemble.

Je trouve que les célébrations nationales sont essentielles car elles reflètent la culture et les traditions du pays.

Je crois que les fêtes de fin d'année sont souvent difficiles pour les familles qui ne peuvent pas acheter de cadeaux aux enfants.

J'estime que certaines fêtes sont artificielles et surtout commerciales, comme Halloween ou la fête des grands-mères et des grands-pères.

The importance of special occasions

family ritual

friendly/welcoming gathering

large national gathering

to give people the opportunity to meet each other

to bring together different generations

to pass on traditions/values

During the pandemic, we realized how important family celebrations are.

Big, festive celebrations like Carnival are a great way to take your mind off things.

Similar celebrations can be found in different cultures, but each culture also has its own particular festivals.

Traditions and celebrations evolve: Christmas markets and Hallowe'en markets were not French traditions but have become so.

I think it is essential to have celebrations to be able to have a good time together.

I think that national celebrations are essential as they reflect the culture and traditions of the country.

I believe that the festive season is often difficult for families who cannot afford to buy presents for their children.

I think that some celebrations are artificial and mostly commercial, like Hallowe'en or Grandmother's and Grandfather's Day.

Ingéniosité humaine

A Les transports

Trajets scolaires / School journeys

en bus (m)/en métro (m)/en tram(way) (m)/en rickshaw (m)	by bus/by underground/by tram(way)/by rickshaw
en voiture (f)/en taxi (m)	by car/by taxi
à pied (m)/à vélo (m), à bicyclette (f)/à moto (f)	on foot/by bicycle/by motorbike
la ligne de bus/la ligne de métro	bus route/underground line
l'arrêt (m) de bus	bus stop
la station de métro	underground station
aller (quelque part) à pied	to walk, to go (somewhere) on foot
prendre les transports en commun	to use public transport
mettre dix minutes (en voiture)	to take ten minutes (by car)
Je prends le métro pour aller au lycée, c'est le plus rapide.	I take the metro/underground to go to school, it's the fastest.
Je ne prends pas le bus parce que c'est trop bondé.	I don't take the bus because it's too crowded.
On prend le car scolaire/la navette parce que c'est pratique.	We take the school bus/shuttle because it is convenient.
Quand il fait beau, je vais à l'école à pied ou à vélo, mais quand il pleut, j'y vais en bus.	When the weather is good, I walk or cycle to school but when it rains, I go by bus.
J'aime bien prendre le car parce qu'il est climatisé.	I like to take the coach/bus because it's air-conditioned.
Mon père me conduit au lycée (en voiture). C'est confortable mais pas très écologique.	My father drives me to school (by car). It's comfortable but not very ecological.
Je suis souvent en retard en cours parce que le bus n'arrive pas à l'heure.	I am often late for class because the bus doesn't arrive on time.
Je mets moins de temps en bus mais je préfère marcher: ça me fait de l'exercice.	It takes less time by bus but I prefer walking: it gives me exercise.
Le trajet entre la maison et l'école est d'environ une demi-heure quand il n'y a pas de circulation.	The journey from home to school is about half an hour when there is no traffic.

Les déplacements de vacances / Holiday travel

en avion (m)/en bateau (m)/en car (m)/en train (m)	by plane/by boat/by coach/by train
la gare (ferrovière/SNCF)	rail station
la gare routière	coach station
le port/l'aéroport (m)	harbour/airport
un aller simple/un aller retour	single/return (round-trip) ticket
une place (réservée)	(reserved) seat
les horaires (mpl) (de train/de bus/de car)	(train/bus/coach) timetable
Le prochain départ est dans cinq minutes.	The next departure is in five minutes.
C'est direct ou faut-il changer?	Is it direct or do you need to change?
Il y a un changement/une correspondance.	You need to change/there is one connection.
On doit composter le ticket/valider son billet.	The ticket must be stamped/validated.
Le train/le ferry/l'avion est retardé/complet.	The train/the ferry/the flight is delayed/full.
Le vol/la traversée est annulé(e).	The flight/the crossing is cancelled.
« Le prochain train à destination de Paris partira du quai numéro 2. »	'The next train to Paris will leave from platform 2.'

« Les passagers du vol FR 821 sont priés de se présenter porte numéro 6. »

'Passengers on flight FR 821, please go to gate number 6.'

Je souffre du mal des transports: je suis toujours malade en voiture/en car/en avion.

I suffer from travel sickness: I am always sick when in the car/coach/plane.

J'ai le mal de mer, même quand la mer est calme, alors une croisière en paquebot, c'est hors de question!

I get seasick even when the sea is calm, so a cruise on a liner is out of the question!

Quand nous visitons une ville, nous prenons les transports en commun. C'est plus intéressant et moins cher que le taxi.

When we visit a town, we use public transport. It's more interesting and cheaper than a taxi.

Nous préférons nous déplacer en train parce qu'on évite la circulation et une voiture coûte cher.

We prefer to travel by train because it avoids traffic and a car is expensive.

Pour les longs trajets, l'avion est beaucoup plus rapide et moins fatigant.

For long journeys, flying is much faster and less tiring.

Le meilleur moyen de transport en France, c'est le train: le TGV* est écologique et économique. *(le train à grande vitesse)

The best way to travel in France is by train: the TGV* is eco-friendly and economical. (* high speed train)

Sur la route

On the road

louer une voiture

to rent a car

prendre l'autoroute (f)/la nationale/les petites routes (fpl)

to take the motorway/the main road/small roads

respecter la limitation de vitesse (f)

to observe the speed limit

faire un excès de vitesse

to exceed the speed limit

rouler à 130 km à l'heure

to drive at 130 km per hour

s'arrêter/faire des arrêts sur une aire de repos (m)

to stop/to make stops at a service station

faire le plein (d'essence)/recharger la batterie

to fill up (with petrol)/recharge the battery

être coincé dans la circulation/les embouteillages (mpl)/les bouchons (mpl) (fam)

to get stuck in traffic/in a tailback/in traffic jams

tomber en panne (d'essence/de moteur)

to break down (to run out of petrol/engine failure)

avoir un accident (de la route)

to have a road accident

J'ai/Je n'ai pas mon permis de conduire.

I have/don't have a driving licence.

Je prends des leçons de conduite.

I'm taking driving lessons.

Je conduis depuis un an en conduite accompagnée.

I have been driving for a year under supervision/as an accompanied driver.

Quand j'aurai mon permis de conduire, je partirai en vacances en voiture.

When I get my driving licence, **I will** go on holiday by car.

Quand j'aurai assez d'argent, j'achèterai une petite voiture d'occasion pour pouvoir aller où je veux.

When I have enough money, **I'll buy** a small second-hand car to be able to go where I want.

Il conduit comme un pied! (id)

He drives really badly! (*literal: He drives like a foot!*)

Voir 5 C

L'impact des transports sur l'environnement

Impact of transport on the environment

les gaz (mpl) d'échappement

exhaust gases

les gaz à effet de serre (f)

greenhouse gases

la pollution atmosphérique

air pollution

les encombrements (mpl)

traffic, congestion

le bruit/la nuisance sonore

noise/noise pollution

un véhicule électrique

electric vehicle

Le transport routier est la première source d'émissions de CO_2 (dioxyde de carbone).

Les voitures et les camions sont responsables de la majorité des particules fines qui polluent l'air.

Les transports contribuent au réchauffement climatique.

La pollution routière est la cause de maladies respiratoires.

À l'avenir, **nous devrons utiliser** des transports écologiques pour protéger l'environnement.

* **Il sera** nécessaire de réduire notre empreinte carbone en prenant moins l'avion ou le bateau.

* **Il faudra privilégier** les transports en commun non-polluants comme les bus ou les vélos électriques.

* Pour moi, le véhicule du futur **sera** la voiture autonome et connectée qui **fontionnera** à l'électricité verte.

Road transport is the largest source of CO_2 (carbon dioxide) emissions.

Cars and lorries are responsible for the majority of fine particles that pollute the air.

Transport contributes to global warming.

Road pollution causes respiratory diseases.

In the future, **we will have to use** environmentally-friendly transport to protect the environment.

It will be necessary to reduce our carbon footprint by using planes and ships less often.

We will have to favour non-polluting public transport such as electric buses or bicycles.

For me, the vehicle of the future **will be** the self-driving smart car that **will run** on green electricity.

3 Ingéniosité humaine

B Divertissements

Les divertissements culturels à la maison — Cultural entertainment at home

la télévision	television
la radio	radio
la lecture	reading
la musique	music
les jeux (mpl) de société/les jeux vidéo	board games/video games
regarder/écouter une émission …	to watch/to listen to …
… de téléréalité (f)	… a reality show
… de musique (f)/musicale/de variétés (fpl)	… a music/musical/popular music programme
… de sport (m)/sportive	… a sports programme
… de cuisine (f)/de déco (f)	… a cooking/decorating show
se divertir/se distraire	to entertain oneself/to have fun
se cultiver	to broaden one's knowledge
télécharger de la musique/des films (mpl)	to download music/films
écouter un podcast	to listen to a podcast
pratiquer une activité artistique	to do an artistic activity
aller sur Internet pour regarder des clips (mpl) de chansons (fpl)/des films/des tutoriels (mpl) (ou tutos)	to go on the internet to watch song clips/films/tutorials
jouer à des jeux vidéo en réseau	to play video games online
Je n'écoute pas beaucoup la radio, sauf certaines émissions musicales.	I don't listen to the radio much, except for some music programmes.
Quelles sont tes émissions de télé préférées?	What are your favourite television shows?
Moi, je ne regarde pas la télé, sauf quand on passe de bons films ou de bons documentaires.	I don't watch television **myself**, except when there are good films or documentaries on.
Personnellement, je préfère les émissions distrayantes, comme les jeux télévisés.	**Personally,** I prefer entertainment programmes, such as game shows.
En ce qui me concerne, je ne supporte pas les émissions de téléréalité.	**As far as I'm concerned,** I can't stand reality shows.
Quant à moi, regarder la télé m'énerve parce qu'il y a trop de publicités pendant les téléfilms.	**As for me,** watching television annoys me because there are too many commercials during television movies.
Pour ma part, j'adore me relaxer devant des émissions divertissantes comme …	**I personally** love to relax in front of entertaining programmes such as …
Perso, je suis complètement accro aux feuilletons et aux séries, comme … (fam)	**I, for one, am** completely addicted to soap operas and series, like …
J'aime écouter un podcast/une baladodiffusion (au Québec) parce que je peux faire autre chose en même temps.	I like listening to a podcast because I can do something else at the same time.
Quand j'étais petit(e), je ne ratais jamais les dessins animés et les émissions pour enfants.	When I was little, I never missed cartoons and children's programmes.
Est-ce que tu lis beaucoup?	Do you read a lot?
Je lis surtout des romans/des nouvelles/des magazines.	I mostly read novels/short stories/magazines.
Quand j'étais plus jeune, je lisais essentiellement des bandes dessinées/des mangas (mpl).	When I was younger, I read mostly comics/manga.
Mon auteur/auteure favori(te)/Mon écrivain/écrivaine préféré(e), c'est …	My favourite author/writer is …

Le dernier livre que j'ai lu, c'était … . Il raconte l'histoire de … /L'intrigue porte sur …

The last book I read was … . It tells the story of … / The plot is about …

J'ai toujours aimé lire parce que grâce aux livres, je découvre des vies et des cultures différentes.

I have always liked reading because through books I learn about different lives and cultures.

un roman à l'eau de rose (id)

a cheesy romance novel (*literal: a rose water-flavoured novel*)

C'est un navet. (id)

It's a rubbish film/programme. (*literal: It's a turnip.*)

Arts et spectacles

Arts and performances

le cinéma	cinema
le théâtre	theatre
le concert	concert
une exposition	exhibition
une œuvre d'art	work of art
les beaux-arts (mpl)	fine arts

aller voir un film/une pièce de théâtre/une comédie musicale/un opéra

to go and see a film/a play/a musical/an opera

assister à un concert/à un spectacle (de cirque/ de marionnettes)

to attend a concert/a (circus/puppet) show

voir un artiste se produire/jouer sur scène

to see an artist perform on stage

visiter une exposition (*ou* une expo)

to visit an exhibition

découvrir un(e) artiste/un(e) peintre/un sculpteur/ une sculptrice/un musicien/une musicienne/ un acteur/une actrice

to discover an artist/a painter/a sculptor/a musician/ an actor

Mon genre de film préféré, c'est …

My favourite kind of film is …

   … les films d'action (f)/d'aventure (f)/ d'horreur (f)/de science-fiction (f)

   … action/adventure/horror/science-fiction films

   … les comédies (fpl) (romantiques)

   … (romantic) comedies

   … les drames (mpl) (historiques)

   … (historical) dramas

   … les thrillers (mpl)

   … thrillers

   … les films policiers

   … crime films

   … les grands classiques (mpl)

   … the great classics

Comme musique, j'écoute un peu de tout mais j'aime surtout …

I listen to all kinds of music but I especially like …

   … le pop/le rock/le hip-hop/le jazz

   … pop/rock/hip-hop/jazz

   … la variété/la musique classique/la musique traditionnelle/les chants folkloriques

   … pop/classical music/traditional music/folk songs

Mon chanteur/Ma chanteuse préféré(e), c'est … / Mon groupe favori, c'est …

My favourite singer is …/My favourite band is …

Je m'intéresse beaucoup à l'art, surtout à la photo(graphie)/à la peinture/à la sculpture/ au dessin.

I am very interested in art, especially photography/painting/ sculpture/drawing.

Je vais souvent au cinéma voir les derniers films.

I **often** go to the cinema to see the latest films.

Je regarde le plus souvent possible des films francophones en version originale sous-titrée.

As often as possible, I watch French films in their original version with subtitles.

De temps en temps, je vais voir des pièces de théâtre avec le lycée.

From time to time, I go to see theatre plays with the school.

Je vais rarement au spectacle parce qu'il n'y a pas de salle de spectacle près de chez moi.

I **rarely** go to see shows because there are no performance halls near me.

Depuis la crise sanitaire, je fais régulièrement des visites virtuelles dans des musées.

Since the health crisis, I **regularly** go on virtual tours of museums.

Je n'ai jamais vu de ballets/de spectacles de danse contemporaine/classique.	I have **never** seen any ballet/contemporary/classical dance performances.
Quand j'étais enfant, mon père m'amenait toujours au cirque pendant les vacances.	When I was a child, my father **always** took me to the circus during the holidays.
Le dernier film que j'ai vu c'était X, un film de science-fiction. J'ai trouvé le scénario, les acteurs et les effets spéciaux sensationnels.	The last film I saw was X, a science fiction film. I found the story, the actors and the special effects sensational.
Je n'oublierai jamais la première fois où j'ai vu mon groupe préféré sur scène. C'était magique!	I will never forget the first time when I saw my favourite band on stage. It was magical!
Il y a des formes de divertissements qui sont universelles et d'autres qui sont uniques à un pays.	There are forms of entertainment that are universal and others that are unique to a country.
Les spectacles vivants ont dû arrêter pendant la pandémie de COVID-19.	Live performances had to stop during the COVID-19 pandemic.
le petit écran/le grand écran (id)	television/cinema (*literal: the small screen/the big screen*)

Voir 2 D

Fêtes et festivals / Celebrations and festivals

une fête nationale/régionale/locale	national/regional/local festival
un festival de musique (f)/de théâtre (m)/de cinéma/de bande dessinée (f)	music/theatre/film/comic strip festival
célébrer le folklore et les traditions (fpl)	to celebrate folklore and traditions
faire connaître l'art (m) et la culture d'une région/d'un pays	to publicize the art and culture of a region/country
faire vivre le patrimoine/l'héritage (m) culturel	to keep the cultural heritage alive
attirer les festivaliers (mpl)	to attract festival-goers
avoir lieu à (+ *lieu*)	to take place in (+ *place*)
Pendant cette fête, on chante et on danse, on mange et on boit, et on s'amuse bien!	During this celebration, people sing and dance, eat and drink, and have fun!
Il y a beaucoup de festivals dans le monde francophone.	There are many festivals in the French-speaking world.
La Journée internationale de la Francophonie célèbre la langue française.	The International Day of Francophonie celebrates the French language.
En France, il y a des événements nationaux, comme la Fête de la musique le 21 juin et les Journées du Patrimoine en septembre.	In France, there are national events, such as the *Fête de la musique* on 21st June and the *Journées du Patrimoine* in September.
J'ai envie d'aller à un grand festival de musique parce que l'ambiance a l'air sympa.	**I'd like to** go to a big music festival because the atmosphere sounds great.
J'ai l'intention d'aller au Festival Interceltique de Lorient parce que je suis fan de la musique celte.	**I intend to** go to the *Festival Interceltique de Lorient* because I am a fan of Celtic music.
Un jour, j'organiserai une Fête des Voisins dans mon quartier, comme on fait en France et dans d'autres pays.	**One day, I will organize** a Neighbours' Day in my neighbourhood, as is done in France and other countries.
J'espère un jour aller au Festival d'Avignon, le festival de théâtre le plus important du monde.	**I hope one day to go** to the Avignon Festival, the most important theatre festival in the world.
Mon rêve serait d'assister au *Heiva i Tahiti*, le festival folklorique le plus célèbre en Polynésie parce que ça semble spectaculaire.	**My dream would be to** attend the *Heiva i Tahiti*, the most famous folk festival in Polynesia because it sounds spectacular.
Certaines fêtes, comme le carnaval de Binche en Belgique, sont inscrites au patrimoine immatériel de l'humanité par l'UNESCO.	Some festivals, such as the Binche carnival in Belgium, are listed as intangible heritage of humanity by UNESCO.
Les grandes manifestations culturelles nous permettent de découvrir le patrimoine culturel d'un pays.	Major cultural events allow us to discover the cultural heritage of a country.

Ce n'est pas tous les jours fête! (id)	Christmas only comes once a year! (*literal: It's not a special day every day!*)
Je me fais une fête de voir mes amis! (id)	I cannot wait to see my friends. (*literal: I make a celebration out of seeing my friends.*)

C Médias

La presse écrite — Written press

un journal papier/en ligne	printed/online newspaper
la presse (gratuite)	(free) press
la presse « people »	celebrity press/tabloids
un quotidien/un journal régional/un journal national	daily/regional/national paper
un hebdomadaire/un mensuel/un bimensuel	weekly/monthly/bi-monthly paper
un magazine de sport/de musique/de sciences/de technologie/d'informatique/de politique/d'économie/de mode/de cuisine/de jardinage	magazine about sports/music/science/technology/computer science/politics/economy/fashion/cooking/gardening
un lecteur/une lectrice	reader
un(e) journaliste	journalist
un(e) reporter	reporter
un(e) grand(e) reporter	international correspondent, special reporter
un rédacteur/une rédactrice (en chef)	editor (in chief)
un article	article
les petites annonces (fpl)	small ads, classifieds
le courrier des lecteurs	readers' letters/letters to the editor
une critique (de film/de livre)	(film/book) review
l'actualité (f) internationale/nationale/politique/culturelle/sportive	international/national/political/cultural/sports news
un événement/une nouvelle	event/news item
une dépêche	news release
faire les gros titres des journaux/faire la une des journaux	to make the headlines
être en première page des journaux	to be on the front page of the newspapers
être dans les kiosques	to be on the newsstands
acheter le journal	to buy the paper
s'abonner à une revue	to subscribe to a magazine
feuilleter un magazine	to leaf through a magazine
C'est passé dans la presse/dans les journaux.	It was in the press/newspapers.
Mes parents lisent les journaux locaux pour connaître les nouvelles.	My parents read the local newspapers to find out what's happening.
J'ai un abonnement à …/Je suis abonné à un magazine de football.	I have a subscription to …/I subscribe to a football magazine.
Dans un journal, je **ne** lis **que** les pages sur les célébrités.	In a newspaper, I **only** read the celebrity pages.
Je **ne** lis les journaux **qu**'en ligne, sur mon portable.	I **only** read newspapers online, on my mobile.
Dans ce magazine, je m'intéresse **seulement** au courrier du cœur!	In this magazine, I am **only** interested in the agony column/problem page.
De plus en plus de gens lisent un journal ou un magazine **uniquement** sur un support numérique.	More and more people read a newspaper or magazine **only** on a digital platform.
Je suis convaincu(e) que la liberté de la presse est essentielle.	I am convinced that freedom of the press is essential.
la rubrique des chiens écrasés (id)	small town news (*literal: the column about run-over dogs*)

Radio et télévision / Radio and television

une chaîne publique/privée/câblée/à péage, payante	state/private/cable/subscription channel
une chaîne spécialisée	specialized channel
un service de streaming	streaming service
une station de radio	radio station
un téléspectateur/une téléspectatrice	viewer
un auditeur/une auditrice	listener
le public	public, audience
le présentateur/la présentatrice	presenter, newsreader
l'animateur/l'animatrice	host, presenter
un(e) correspondant(e) de guerre/à l'étranger	war/foreign correspondent
un(e) envoyé(e) spécial(e)	special correspondent
une grille de programmes	television/radio listings
un flash info	newsflash
un reportage	report
un micro-trottoir	vox pop, street interview
un entretien (avec)/une interview (avec)	interview (with)
un débat/une table ronde/un talk-show	debate/round table/talk show
une émission avec appels des auditeurs	phone-in programme
le journal télévisé/le JT/les informations (fpl)/les infos (fpl)	the news
une émission en direct (m)/en replay (m)/en rattrapage (m) (*au Québec*)	live/replay/catch-up programme
une émission enregistrée en studio/en public	a programme recorded in the studio/with a live audience
diffuser une émission	to broadcast a programme
passer des rediffusions (fpl)/des redifs (fpl)	to re-run
zapper	to flick through channels
être en direct, live/en différé	to be live/pre-recorded
Ça passe à la télé/à la radio.	It's on television/radio.
La télé et la radio sont une fenêtre ouverte sur le monde.	Television and radio are a window onto the world.
Le matin, j'écoute la radio quand je me prépare.	**In the morning,** I listen to the radio when I'm getting ready.
L'après-midi, après les cours, je regarde la télé pour être au courant de ce qui se passe.	**In the afternoon,** after school, I watch television to see what's going on.
Le soir, en famille, on aime regarder des documentaires qui nous font découvrir le monde.	**In the evening,** with my family, we like watching documentaries to discover the world.
Le week-end, je regarde les émissions politiques parce que je veux comprendre les questions d'actualités.	**At the weekend,** I watch political programmes because I want to understand current affairs.
La télévision a été un bon moyen d'information et d'éducation pendant la pandémie de COVID-19.	Television was a good way to get information and education during the COVID-19 pandemic.
Il faut savoir faire une sélection dans les programmes parce que tout n'est pas intéressant.	You have to know what to choose in the programmes because not everything is interesting.
Certains accusent la télé de montrer trop de violence.	Some people accuse television of showing too much violence.
Pour beaucoup, la publicité à la télé influence trop les enfants en particulier.	For many, television ads have too much influence on children in particular.
On se fait un plateau-télé le week-end. (id)	We have a TV dinner at the weekend. (*literal: We make ourselves a TV tray at the weekend.*)

Internet et réseaux sociaux / The internet and social media

Internet/l'internet/le Web (*ou* la Toile)	internet/the internet/the Web
un(e) internaute	internet user
un site d'information	news website
les réseaux (mpl) sociaux	social media
un réseau social de partage/de discussion/le réseautage	sharing/messaging social network/networking
un fil d'actualité/de discussion	news/discussion feed, thread
un hashtag/un mot-clic (*au Québec*)	hashtag
un (t)chat/un clavardage (*au Québec*)	(internet) chat
une bulle de filtre	filter bubble/social media bubble
la messagerie instantanée	instant messaging, chat
aller sur Internet/un réseau social	to go online/on a social network
surfer sur le net/naviguer	to surf the net/to browse
s'abonner à un compte Instagram	to subscribe to an Instagram account
avoir des abonnés/des followers (mpl)	to have subscribers/followers
suivre un blog	to follow a blog
aimer une page	to like a page
cliquer "J'aime"	to click 'like'/to 'like'
partager une publication	to share a post
faire un commentaire	to comment
publier un billet (de blog)	to publish a (blog)post
participer à des discussions en ligne	to take part in online discussions
partager/poster des photos	to share/post photos
mettre à jour son profil	to update your profile
avoir un accès immédiat aux infos	to have instant access to the news
suivre l'actualité en direct	to follow the news live
Ma source principale d'infos, c'est Internet.	My main source of information is the internet.
Je me tiens au courant de ce qui se passe **grâce à** l'internet.	I keep up-to-date with what's going on **thanks to** the internet.
Je peux suivre l'actualité de mes célébrités préférées sur leur compte Instagram ou Twitter.	**I can follow** my favourite celebrities on their Instagram or Twitter accounts.
* Skype ou Zoom et les messageries instantanées, **ça me permet de** garder contact avec ma famille/mes amis partout dans le monde.	Skype or Zoom and instant messaging **allow me to** keep in touch with my family/friends all over the world.
* Je me suis fait beaucoup d'amis **par l'intermédiaire des** réseaux sociaux.	I have made many friends **through** social networks.
* **J'ai lu que** plus de 90% des 13–19 ans utilisent Internet et y passent plus de 13 heures par semaine.	**I read that** more than 90% of 13–19-year-olds use the internet and spend more than 13 hours a week on it.
J'ai vu quelque part qu'on est inscrit sur trois réseaux sociaux en moyenne.	**I saw somewhere that** we are registered on three social networks on average.

Réseaux sociaux: les côtés positifs … / Social networks: the positives …

la communication	communication
le partage	sharing
les échanges (mpl) d'idées	exchanging ideas
l'accès (m) aux informations	access to information

des contenus (mpl) personnalisés	personalized contents
la gratuité/gratuit(e)	being free of charge/free (of charge)
se faire un réseau d'amis	to make a network of friends
faire partie d'un groupe avec les mêmes intérêts (mpl)	to be part of a group with the same interests
réduire la solitude des personnes (fpl) isolées	to reduce the loneliness of isolated people
Une information peut devenir virale/faire du buzz très rapidement.	Information can go viral/create a buzz very quickly.
Pendant la pandémie, on s'est échangé beaucoup de choses drôles sur les réseaux, pour rire et garder le moral.	During the pandemic, we exchanged a lot of funny things on networks, for a laugh, and to keep our morale up.
* **Je trouve formidable de pouvoir** communiquer avec des personnes du monde entier.	**I think it is great to be able** to communicate with people from all over the world.
* **Je trouve formidable que** les réseaux **puissent** faire tomber les frontières.	**I think it's great that** networks **can** break down boundaries.
* **Je trouve fantastique de pouvoir** retrouver et garder des contacts avec des amis grâce aux réseaux sociaux.	**I think it's fantastic to be able** to locate and keep in touch with friends through social networks.
* **Je trouve fantastique que** les réseaux sociaux **puissent** aider la diffusion de mouvements sociaux comme *Black Lives Matter* or *#Metoo*.	**I think it's fantastic that** social networks **can** help spread social movements like Black Lives Matter or #MeToo.
... et les côtés négatifs	... and the negatives
l'addiction (f)/la dépendance aux réseaux	addiction to networks
le cyber-harcèlement	cyberbullying
la désinformation/les infox (fpl)/les fake news (mpl)	fake news
l'usurpation (f) d'identité	identity theft
le piratage	hacking
être victime de harcèlement (m)/d'intimidation (f)	to be a victim of harassment/bullying
rencontrer des personnes malintentionnées	to meet ill-intentioned people
Mes copains ne peuvent rien faire sans leur portable.	My friends can't do anything without their mobile phones.
Je vérifie si j'ai des notifications dès que je me réveille!	I check my notifications as soon as I wake up!
Je regarde mon téléphone dès que j'ai une notification.	I check my phone whenever I get a notification.
Je dois dire que mes réseaux me manquent quand je ne suis pas connecté(e).	**I must say that** I miss my networks when I am not connected.
J'avoue que les notifications me déconcentrent dans mon travail.	**I must admit that** notifications distract me from my work.
On constate que sur les réseaux, on se crée une image qui ne ressemble pas toujours à la réalité.	**We observe that** on social networks, we create an image for ourselves that does not always match reality.
On remarque que les réseaux peuvent isoler les gens dans une réalité virtuelle.	**We see that** networks can isolate people in a virtual reality.
On ne peut pas nier qu'on se compare souvent aux autres sur les réseaux et ça peut parfois affecter la santé mentale.	**It cannot be denied that** we often compare ourselves to others on the networks and this can sometimes affect our mental health.
J'ai déjà été victime de moqueries et d'intimidation sur le net.	I have been the victim of mockery and bullying on the net.
Les harceleurs restent anonymes et se cachent derrière un pseudo.	Bullies remain anonymous and hide behind a false username.
Les infos diffusées sur les réseaux sociaux ne sont pas toujours fiables.	The information spread on social networks is not always reliable.

Avec les vidéos truquées, on ne se sait plus ce qui est vrai ou pas!

Les fausses nouvelles/Les rumeurs se répandent très vite sur réseaux sociaux.

Les précautions à prendre

Je protège mon profil en ligne.

J'utilise un pseudo/des mots de passe/un avatar.

Mon compte est privé.

Je fais attention à ce que je poste en ligne.

Je ne poste jamais de photos compromettantes sur les réseaux.

Je ne veux pas devenir accro, alors j'ai désactivé les notifications sur mon portable.

On doit bien réfléchir avant de poster ou de commenter.

Il faut toujours vérifier une info avant de partager.

Il est nécessaire d'apprendre à faire le tri entre info et infox.

Il est essentiel de respecter la vie privée des gens.

Il est indispensable de préserver ses données privées et de gérer ses paramètres de confidentialité.

With deepfake videos, we no longer know what is real and what is not!

Fake news/Rumours spread very quickly on social networks.

Precautions we can take

I protect my online profile.

I use a username/passwords/avatar.

My account is on private.

I am careful about what I post online.

I never post compromising photos online.

I don't want to get addicted, so I turned the notifications off on my phone.

You should/need to think carefully before posting or commenting.

You must always check a piece of information before sharing it.

You need to learn how to distinguish real news and fake news.

It is essential to respect people's privacy.

You absolutely must keep your personal data private and manage your privacy settings.

D Technologie

L'informatique au quotidien / IT in everyday life

un portable/un mobile/un cellulaire (*au Québec*)/un natel (*en Suisse*)	mobile phone, cell phone
une tablette	tablet
une application/une appli	application/app
un appel vidéo	video call
une adresse électronique/un email/un courriel (*au Québec*)	email address
une liseuse (électronique)	electronic reader, e-reader
une enceinte connectée (à commande vocale)	(voice-controlled) smart speaker
un livre numérique/électronique	e-book
une console de jeux	game console
un casque/des écouteurs (mpl)	headphones/earphones
la connexion internet	internet connection
le/la wifi/wi-fi	wi-fi
un forfait (téléphonique)	phone package/bundle
un fournisseur d'accès	internet provider
le navigateur	browser
un ordinateur/un ordi	computer
une imprimante/un scanner	printer/scanner
un logiciel	software
une carte mémoire/une clé USB	memory card/USB stick, flash drive
un écran/un clavier/une souris/une webcam	screen, monitor/keyboard/mouse/webcam
sélectionner un fichier	to select a file
cliquer sur un lien	to click on a link
copier-coller	to copy and paste
sauvegarder/effacer un document	to save/to delete a document
envoyer/faire suivre un email, un courriel (*au Québec*)	to send/to forward an email
recevoir un spam/un pourriel (*au Québec*)	to receive spam/junk mail
joindre un fichier attaché/envoyer en pièce jointe	to attach a file/to send as an attachment

On utilise désormais l'informatique dans presque tous les aspects de notre vie quotidienne.

We now use computers in almost every aspect of our daily lives.

J'utilise mon ordi pour …
- … rédiger mes devoirs.
- … faire des recherches.
- … stocker mes photos.
- … suivre des cours en distanciel.

I use my computer to …
- … write up my homework.
- … do research.
- … store my photos.
- … do lessons online.

Mon portable **me sert à** …
- … envoyer des textos/des SMS.
- … aller sur les réseaux sociaux.
- … prendre des photos.
- … faire des jeux.
- … regarder l'heure.
- … passer des appels.

I use my mobile phone to …
- … send texts/SMS.
- … go on social networks.
- … take photos.
- … play games.
- … check the time.
- … to make calls.

Mes applis sont utiles pour … / My apps are useful to …

- … me déplacer (avec les cartes). / … move around (with the maps).
- … utiliser les transports en commun. / … use public transport.
- … voir la météo. / … check the weather forecast.
- … écouter de la musique. / … listen to music.
- … éditer mes photos. / … edit my photos.
- … regarder des films. / … watch films.
- … commander des repas à emporter. / … order takeaway meals.
- … avoir les résultats sportifs. / … have the sports results.

Je me sers d'un VPN sur ma tablette pour pouvoir regarder la télé des pays francophones. / I use a VPN on my tablet to watch television from French-speaking countries.

Pendant le confinement, toute la famille s'est servie d'un ordi pour travailler. / During lockdown, the whole family used computers to work.

* Malheureusement, beaucoup d'enfants n'avaient pas accès à un ordi ou à l'internet pour suivre les cours en ligne. / Unfortunately, many children did not have access to a computer or the internet in order to have online lessons.

* L'informatique permet de découvrir de nouvelles cultures et de communiquer librement avec le monde entier. / Computers allow you to discover new cultures and communicate freely with the whole world.

* Grâce à l'informatique, la plus grande source d'information au monde est désormais accessible en quelques clics. / Thanks to computers, the world's largest source of information is now just a few clicks away.

L'impact positif des sciences et technologies / Positive impact of science and technology

les progrès (mpl) technologiques/scientifiques	technological/scientific progress
les avancées (fpl) scientifiques	scientific advances
l'appareil (m) électro-ménager	household appliance
la maison connectée	smart home
la voiture électrique	electric car
les TIC (technologies de l'information et de communication)	ICT (information and communication technologies)
le numérique	digital technology
la robotique	robotics
l'intelligence (f) articificielle (IA)	artificial intelligence (AI)
faciliter la vie de tous les jours	to make every day life easier
faire gagner du temps	to save time
rendre certaines tâches (fpl) moins pénibles	to make certain tasks less tedious
améliorer le niveau de vie/les conditions (fpl) de vie	to improve the standard of living/living conditions

Les technologies font partie de notre vie quotidienne. / Technology is part of our daily lives.

Selon moi, l'internet est la plus belle invention de l'homme! / In my opinion, the internet is man's greatest invention!

Avec Internet, on fait de plus en plus d'achats en ligne parce que c'est pratique. / With the internet, more and more people shop online because it is convenient.

Les inventions ont simplifié les tâches ménagères avec, par exemple, le lave-linge, le four à micro-ondes ou l'aspirateur. / Inventions have simplified household chores with, for example, the washing machine, the microwave oven or the vacuum cleaner.

Les innovations technologiques continuent à améliorer notre confort, avec la maison connectée. / Technological innovations continue to improve our comfort with the smart home.

3 Ingéniosité humaine

On peut allumer la lumière, mettre le chauffage, passer de la musique ou effectuer une recherche rapide en parlant à une enceinte connectée.	You can switch on the lights, turn on the heating, play music, or do a quick search by talking to a smart speaker.
A l'école, le tableau blanc interactif rend les cours plus intéressants.	At school, the interactive whiteboard makes lessons more interesting.
Les bienfaits des nouvelles technologies sont indéniables dans le monde du travail, avec entre autres, les visioconférences.	The benefits of new technologies are undeniable in the world of work, for instance with video conferencing.
On peut désormais faire du télétravail/travailler de chez soi, ce qui limite les déplacements et réduit la pollution.	It is now possible to work from home, which reduces travel and pollution.
Le GPS est une innovation qui a facilité et sécurisé nos déplacements.	GPS is an innovation that has made travelling easier and safer.
Les nouvelles technologies se développent sans cesse dans le domaine de la santé.	New technologies are constantly emerging in the field of health.
On soigne de plus en plus de maladies qui étaient incurables avant.	We treat more and more diseases that were previously incurable.
On améliore les conditions de vie des personnes handicapées, par exemple avec les prothèses imprimées en 3D.	The living conditions of people with a disability are being improved, for example, with 3-D printed prosthetics.
Les images satellites et les algorithmes aident les scientifiques à prédire certaines catastrophes naturelles, comme les tremblements de terre ou les éruptions volcaniques.	Satellite images and algorithms help scientists predict certain natural disasters, such as earthquakes or volcanic eruptions.
* Sans l'internet, je **n'aurais pas pu** continuer mes cours à distance pendant la crise sanitaire.	Without the internet, **I would not have been able** to continue my online lessons during the health crisis.
* Sans l'ordinateur, mes parents **n'auraient pas pu** travailler à la maison pendant le confinement dû à la COVID-19.	Without the computer, my parents **would not have been able** to work at home during the COVID-19 lockdown.
* Sans les avancées scientifiques, on **n'aurait pas créé** des vaccins anti-Covid aussi rapidement.	Without scientific advances, vaccines against COVID-19 **would not have been created** so quickly.

Les effets indésirables / Undesirable effects

Certaines personnes affirment que les ondes électromagnétiques des portables sont néfastes pour notre santé.	**Some people claim that** electromagnetic waves from mobile phones are harmful to our health.
Beaucoup sont convaincus que la lumière bleue de nos écrans nous empêche de bien dormir.	**Many are convinced that** the blue light from our screens prevents us from sleeping well.
On dit que l'hyperconnectivité peut affecter la santé mentale des jeunes.	**People say that** hyperconnectivity can affect the mental health of young people.
Certains parlent de cyberdépendance.	**Some talk about** computer/internet addiction.
Selon l'Organisation mondiale de la Santé, le trouble du jeu vidéo est une maladie.	**According to** the World Health Organization, video gaming disorder is an illness.
D'après certains, assurer la confidentialité des données personnelles pourrait devenir un problème majeur.	**According to some**, ensuring the confidentiality of personal data could become a major problem.
Pour d'autres, il y a beaucoup de problèmes éthiques en science et en médecine.	**For others**, there are many ethical problems in science and medicine.

4 Organisation sociale

A Voisinage

Chez moi / My home

une pièce	room
une chambre (à coucher)	bedroom
un salon/un séjour	sitting room/lounge/living room
une salle à manger	dining room
un séjour-salle à manger/un salon-salle à manger	combined living/dining room
un bureau	study
une cuisine	kitchen
une salle de bains	bathroom
des toilettes (fpl)/des WC (mpl)	toilet
un balcon	balcony
une véranda	conservatory, veranda
un jardin	garden
une cave/un sous-sol	cellar/basement
un garage	garage
habiter/vivre dans …	to live in …
… une maison (individuelle/jumelée/en rangée)	… a (detached/semi-detached/terraced) house
… un appartement (au rez-de-chaussée/au premier étage)	… a (ground floor/1st floor) flat/apartment
… un immeuble/un bâtiment	… a building
… une tour/un gratte-ciel	… a tower block/skyscraper
… une résidence/un lotissement	… a private housing development
… une cité	… a housing estate

Chez moi, il y a cinq pièces. C'est grand et confortable/assez vieux et rudimentaire.
There are five rooms in my house. It is big and comfortable/quite old and basic.

J'aime ma maison parce qu'elle est grande et claire.
I like my house because it is big and bright.

Je déteste notre appartement parce qu'il est petit et sombre.
I hate our flat because it is small and dark.

Je dois partager ma chambre avec mon frère/ma sœur.
I have to share my room with my brother/sister.

Nous habitons dans une vieille maison traditionnelle en pierre/en bois.
We live in a traditional old stone/wooden house.

Nous vivons dans un grand appartement moderne au 25e étage d'une tour.
We live in a big modern apartment on the 25th floor of a tower block.

Avant, j'habitais en appartement dans un vieil immeuble et maintenant, je vis dans une belle maison avec un jardin.
I used to live in an apartment in an old building and now I live in a nice house with a garden.

Dans ma maison idéale/la maison de mes rêves, il y aurait des chambres d'amis avec salle de bain attenante et une piscine.
In my ideal house/dream house, there would be guest rooms with en suite bathrooms and a swimming pool.

J'aimerais bien changer la décoration intérieure de ma chambre et la repeindre en bleu.
I would like to change the interior decoration of my room and paint it blue.

Si je pouvais, j'habiterais une villa isolée au bord de la mer ou un chalet en montagne.
If I could, I would live in a secluded villa by the sea or in a chalet in the mountains.

On **vient d'**emménager dans un logement de fonction fourni par la boîte (fam) de mon père.
We **have just** moved into company accommodation provided by my father's firm.

Mes parents viennent d'acheter/de louer un appartement de luxe dans une résidence privée sécurisée.	My parents **have just** bought/rented a luxury flat in a gated estate.
On fête la pendaison de la crémaillère. (id)	We're having a housewarming party. (*literal: the hanging of the pot over the fire in the chimney*)

Autour de chez moi / The area where I live

un village	village
une ville	town
une rue (calme/animée/commerçante/piétonne)	(quiet/busy/shopping/pedestrian) street
un quartier (résidentiel/touristique/commerçant/industriel)/le quartier des affaires	(residential/touristy/shopping/industrial) area/the business district
une banlieue (calme/vivante/éloignée)	(quiet/lively/remote) suburb
un magasin/une boutique/un grand magasin	shop/boutique/department store
un marché/un supermarché/une grande surface	market/a supermarket/superstore
un centre commercial	shopping centre/mall
un voisin/une voisine	neighbour
fréquenter les restaurants/les cafés du quartier	to go to restaurants/cafes in the area
faire ses courses dans les magasins de proximité/les petits commerces/chez le dépanneur (*au Québec*)	to go shopping in local shops/corner shops/the convenience store
avoir des voisins sympa/chaleureux/accueillants	to have nice/warm/welcoming neighbours
sympathiser avec les gens du coin (fam)	to socialize/become friends with local people
J'habite au centre de X/dans la banlieue de X, la capitale de X.	I live in the centre of X/in the suburbs of X, the capital of X.
On vit dans un village à la campagne/une petite ville à la montagne/une grande ville au bord de la mer.	We live in a village in the countryside/a small town in the mountains/a big city by the sea.
J'habite un village agréable et les habitants sont généralement très gentils.	I live in a nice village and the people are generally very kind.
Je n'aime pas mon quartier parce que les voisins sont froids/distants/bruyants.	I don't like my area because the neighbours are cold/distant/noisy.
Il y a tous les magasins essentiels à deux pas de chez moi: une boulangerie, une alimentation, un marchand de fruits et légumes, etc.	We have all essential shops within walking distance: a bakery, a grocery store, a greengrocer, etc.
Les gens du quartier se rassemblent à l'église/la mosquée/la synagogue/dans les parcs.	Local people gather at the church/mosque/synagogue/in the parks.
Tous les ans nous célébrons la Fête des Voisins: ça crée un esprit de convivialité entre les résidents du quartier.	Every year, we celebrate Neighbours' Day: it creates a spirit of conviviality between the residents of the area.
Pendant la pandémie de COVID-19, nous avons créé un groupe WhatsApp entre voisins pour aider les personnes âgées ou isolées.	During the COVID-19 pandemic, we created a neighbourhood WhatsApp group to support elderly or isolated people.
Je préférais le quartier où nous habitions avant parce que c'était plus vivant/plus près de mon école.	I preferred (**the area**) **where** we used to live before because it was livelier/closer to my school.
* L'endroit où j'aimerais le plus habiter, c'est au centre-ville pour avoir les magasins, la poste, la banque et les cinémas près de chez moi!	**The place where** I would most like to live is in the city centre in order to have the shops, post office, bank, and cinemas near me!
Je ne connais jamais personne là où je vis, car on déménage souvent à cause du travail de ma mère.	I never get to know anyone **where** I live as we move around a lot because of my mum's job.

La vie en ville ou à la campagne? / City life or country life?

Les bons et moins bons côtés de la ville / The good and not-so-good sides of the city/town

J'aime habiter en ville parce qu'il y a …	I like living in the city because there is/are …

Organisation sociale 4

… beaucoup de choses à faire (pour les jeunes).
… a lot to do (for young people).

… des moyens de transport.
… means of transport.

Je préfère vivre en ville parce qu'on y trouve …
I prefer to live in the city because there is …

…. un grand choix d'activités de loisirs.
… a wide range of leisure activities.

…. une population diverse.
… a diverse population.

Ce qui est mieux en ville, c'est …
What is better in the city is/are …

… la proximité des services, comme l'hôpital.
… the proximity of services, such as a hospital.

… les possibilités d'emploi.
… job opportunities.

Ce qui manque en ville, …
What is missing in the city …

… c'est l'espace et l'air pur.
… is space and fresh air.

… ce sont les espaces verts.
… are green spaces.

En ville, on peut rester anonyme et avoir une vie privée **alors qu'**à la campagne, tout le monde se connaît.
In a city, you can be anonymous and have privacy, **whereas** in the country everyone knows everyone.

Le style de vie en ville est généralement plus moderne, **tandis qu'**à la campagne, il peut être plus traditionnel.
The lifestyle in the city is generally more modern, **whereas** in the country it can be more traditional.

L'idéal serait de travailler en ville et d'habiter à la campagne. **Toutefois,** je ne voudrais pas faire la navette tous les jours.
The ideal would be to work in the city and live in the country. **However,** I wouldn't want to commute every day.

Les bons et moins bons côtés de la campagne
The good and not-so-good sides of the countryside

Ce que j'aime à la campagne, c'est …
What I like about the countryside is …

… qu'il n'y a pas trop de monde.
… that there are not too many people.

… qu'on n'est pas les uns sur les autres. (fam)
… that you are not on top of each other. (fam)

… le calme et la tranquillité.
… the peace and quiet.

Ce que j'apprécie à la campagne, c'est …
What I appreciate about the countryside is …

… que l'air n'est pas pollué.
… that the air is not polluted.

… qu'il n'y a pas trop de bruit.
… that there is not too much noise.

… que la vie est moins chère qu'en ville.
… that life is cheaper than in the city.

Un avantage de la campagne, c'est …
An advantage of the countryside is …

… qu'il y a un esprit de communauté et de convivialité.
… that there is a spirit of community and conviviality.

… que la vie rurale est généralement moins stressante.
… that rural life is generally less stressful.

Un inconvénient de la campagne, c'est …
A disadvantage of the countryside is …

… qu'il n'y a rien/pas grand-chose à faire quand il ne fait pas beau.
… there is nothing/not much to do when the weather is bad.

… qu'il n'y a pas assez de lieux de sortie.
… that there are not enough places to go out.

Je ne voudrais pas vivre à la campagne parce que c'est mort et loin de tout. **Par contre,** les gens sont généralement plus aimables et moins stressés qu'en ville.
I wouldn't want to live in the countryside because it's dead and far from everything. **On the other hand,** people are generally nicer and less stressed than in the city.

Les jeunes préfèrent généralement la vie urbaine. **Cependant,** il y moins de violence et de crimes en milieu rural.
Young people generally prefer city life. **However,** there is less violence and crime in the rural areas.

La campagne est le cadre de vie idéal selon 81% des Français.
The countryside is the ideal living environment for 81% of the French.

« On devrait construire les villes à la campagne, l'air y est tellement plus pur. » Henri Monnier (1799 – 1877)
'We should build cities in the countryside, the air is so much purer there.' Henri Monnier (1799 – 1877)

B Éducation

L'établissement scolaire / School

une école (publique/privée/internationale)/un collège/un lycée	(public/private/international) school/(secondary) school/high school
la salle de classe	classroom
la salle d'informatique/de musique/d'arts plastiques	computer/music/art room
le laboratoire de sciences	science lab
la bibliothèque	library
le gymnase/la salle de sport/le terrain de sport	gymnasium/sports hall/sports field
la cantine/la cafétéria	canteen/cafeteria
le secrétariat/la réception	secretaries' office/reception
le bureau du directeur/de la directrice	principal's office
la salle des professeurs	staff room
le dortoir/l'internat (m), le pensionnat	dormitory/boarding school
le règlement scolaire/le règlement intérieur	school rules
mettre ses affaires dans un casier	to put your school things in a locker
être silencieux dans les couloirs	to be quiet in the corridors
sortir dans la cour pendant la récré(ation)	to go out into the playground/yard during break/recess
respecter le règlement intérieur	to respect the school rules
Je vais dans une école internationale.	I go to an international school.
C'est une école de garçons/de filles/mixte d'environ 1000 élèves.	It is a boys'/girls'/co-educational school with about 1000 students.
Mon école est située dans un cadre agréable avec des espaces verts.	My school is located in a pleasant setting with green spaces.
C'est une école prestigieuse qui a une excellente réputation.	It is a prestigious school which has an excellent reputation.
À mon avis, c'est une des meilleures écoles du pays pour la préparation au Bac International.	In my opinion, it is one of the best schools in the country to prepare for the International Baccalaureate.
L'ambiance est bonne et les élèves viennent du monde entier.	The atmosphere is good and the students come from all over the world.
Je suis demi-pensionnaire/externe parce que je n'habite pas loin de l'école.	I am a half-boarder/day student because I don't live far from the school.
Je suis interne/pensionnaire et je rentre chez moi pendant les vacances.	I am a boarder and I go home for the holidays.
Les bâtiments sont vieux mais les classes sont grandes, claires et bien équipées.	The buildings are old but the classrooms are large, bright, and well equipped.
Le personnel scolaire n'est pas très aimable et la discipline est très stricte.	The school staff are not very friendly and the discipline is very strict.
Les profs sont assez sévères mais justes et les cours sont intéressants.	The teachers are quite strict but fair and the lessons are interesting.
Il est interdit d'avoir son portable en cours et je trouve ça normal.	Mobile phones are forbidden in class and **I think that's fair**.
On doit porter un uniforme scolaire et je trouve ça pratique/pénible/ridicule.	We have to wear a school uniform and **I find that convenient/a pain/ridiculous**.
On ne peut pas sortir pendant la pause-déjeuner et je trouve ça injuste.	We can't go out during the lunch break and **I find that unfair**.
Depuis la pandémie, les locaux ont été adaptés pour respecter les règles sanitaires.	Since the pandemic, the school buildings have been adapted to comply with health regulations.
Si j'étais le directeur, je créerais plus d'espaces de détente pour les élèves.	If I were the principal, I would create more relaxation areas for the students.

La journée scolaire / A school day

la matière (scolaire)	(school) subject
l'emploi (m) du temps	timetable
une heure de cours/un cours	class/lesson
une permanence	free period
la récréation/la pause-déjeuner	break/lunch break
les activités du programme CAS	CAS program activities
les cours en distanciel (en ligne)/en présentiel	distance (online) lessons/face-to-face lessons
assister au cours/rater un cours	to attend a class/to miss a class
arriver en cours à l'heure/en retard	to arrive to a lesson on time/late
faire un contrôle/un test (de fin de trimestre/de fin d'année)	to do a (end-of-term/end-of-year) test
Ma matière préférée, c'est l'économie.	My favourite subject is economics.
J'ai trois heures de français par semaine.	I have three hours of French per week.
La matière qui m'intéresse le plus, c'est les maths parce que je trouve ça passionnant.	**The subject that** interests me the most is maths because I find it fascinating.
La matière que je trouve la plus facile/difficile/ennuyeuse, c'est la chimie/la biologie/la physique.	**The subject that** I find the easiest/most difficult/most boring is chemistry/biology/physics.
La matière où je suis le plus fort/la plus forte/le plus doué/la plus douée, c'est l'histoire-géographie.	**The subject** I am strongest **in** is history-geography.
La matière dont je n'aurai jamais besoin, c'est les arts.	**The subject** I will never need is art.
Chaque cours dure 50 minutes avec un interclasse/intercours de 5 minutes.	Each class lasts 50 minutes with 5 minutes between each class.
En France, les cours commencent à 8 heures et finissent vers 17h30. Il n'y a pas cours le mercredi après-midi.	In France, classes start at 8am and end around 5.30pm. There are no classes on Wednesday afternoon.
Ici, la journée commence par une prière/une réunion générale/une assemblée*.	Here, our day begins with a prayer/a general meeting/an assembly*. (*Note that this does not exist in the French system.)
Le soir, j'ai des cours particuliers en maths parce que je suis nul/nulle dans cette matière.	In the evenings, I have private lessons in maths because I'm really weak in that subject.
Le week-end, je prends des cours de musique avec un professeur particulier.	At the weekend, I take music lessons with a private teacher.
Depuis la rentrée, je vais à un club d'arts plastiques dans le cadre du programme CAS.	Since the beginning of the school year, I have been going to an art club as part of the CAS program.
À l'école, je participe à beaucoup d'activités périscolaires et je fais du bénévolat pour mon service à la communauté.	At school, I am involved in a lot of extracurricular activities and do some volunteering for my service to the community.
La journée scolaire se déroule différemment en France où l'emploi du temps est plus chargé et les horaires plus longs qu'ici.	The school day is different in France where the timetable is fuller and the hours longer than here.
Depuis COVID-19, mon école donne un enseignement hybride, avec des cours sur place et des visioconférences en ligne.	Since COVID-19, my school has been providing hybrid lessons, with on-site and online classes.
Ce qui m'a le plus manqué pendant le confinement dû à la COVID-19, c'est le contact quotidien avec la classe et les profs.	What I missed the most during the COVID-19 lockdown was being in daily contact with the class and teachers.
sécher les cours (fam)	to skip a class/to bunk off (literal: to dry lessons)
recevoir une colle (fam)	to get a detention (literal: to receive glue)

4 Organisation sociale

L'éducation: clé de l'avenir | Education: the key to the future

des études (fpl) de langues (fpl)/de droit (m)/de médecine (f)/de sciences (fpl)/d'économie (f)/de commerce (m)	languages/law/medicine/sciences/economics/business studies
faire des études (universitaires)	to study (at university)
aller à l'université/à la faculté (*ou* à la fac (fam))	to go to university/to college (*or* uni (fam))
passer un examen/une épreuve (orale/écrite)/un concours	to take an exam/a(n) (oral/written) test/a competitive exam
réussir à un examen/rater un examen	to pass/to fail an exam
obtenir un diplôme/une licence	to obtain a degree, a diploma/to graduate
choisir une voie scientifique/économique/littéraire/artistique	to choose a scientific/economic/literary/artistic path
choisir une filière selon ses centres d'intérêt/ses aptitudes	to choose a field of study according to your interests/abilities
Je ne sais pas encore./Je sais déjà ce que je voudrais étudier à l'université.	I don't know yet./I already know what I would like to study at university.
Je vais discuter de mon orientation avec mon prof principal et le conseiller d'orientation.	I am going to discuss my future studies with my form tutor and careers adviser.
J'ai le projet de faire une année sabbatique/une année de césure après le Bac pour voyager et travailler.	I plan to do a gap year after getting the IB Diploma to travel and work.
Si je réussis au Bac, je ferai des études de droit.	If I pass my IB Diploma, I will go to law school.
Si j'avais la possibilité, je partirais à l'étranger faire une formation en informatique.	If I had the opportunity, I would go abroad to study computer science.
Pendant la pandémie, j'ai appris à travailler en autonomie, ce qui sera utile pour l'université.	During the pandemic, I learnt how to work independently, which will be useful for university.
Travailler sur mon mémoire me permet d'apprendre à faire des recherches et à développer mon esprit critique.	Working on my extended essay allows me to learn how to do research and develop my critical thinking.
Quitter l'école sans qualification pose des problèmes pour trouver un emploi.	Leaving school without a qualification causes problems in finding a job.
* **Il ne fait aucun doute qu'**avoir une bonne éducation ouvre des portes et permet de réaliser ses rêves.	**There is no doubt that** having a good education opens doors and allows you to achieve your dreams.
* **Il est clair qu'**une éducation internationale comme le programme IB nous permet de devenir des citoyens du monde.	**It is clear that** an international education like the IB program enables us to become global citizens.
* Pour moi, **c'est incontestable que** recevoir une éducation de qualité est un droit fondamental pour tous.	In my mind, **it is indisputable that** receiving a quality education is a fundamental right for all.
* **C'est certain que** l'éducation devrait être considérée comme une priorité mais pourtant tout le monde n'y a pas accès.	**It is certain that** education should be considered a priority, yet not everyone has access to it.
* **Il va sans dire qu'**on doit lutter contre l'analphabétisme et le décrochage scolaire, qui mènent souvent à l'exclusion sociale.	**It goes without saying that** we must fight against illiteracy and dropping out of school, which often lead to social exclusion.
* La crise sanitaire de la COVID-19 a un effet catastrophique en déscolarisant plus d'un milliard d'apprenants dans le monde.	The COVID-19 health crisis is having a catastrophic effect by stopping over a billion learners from going to school worldwide.

Stages et petits boulots

faire …

    … un stage (d'observation professionnelle) en entreprise

    … un petit boulot/un petit boulot d'été

    … un job d'été/un emploi saisonnier

    … du bénévolat

travailler comme …

    … serveur/serveuse

    … (télé)vendeur/(télé)vendeuse

    … livreur/livreuse

    … animateur/animatrice (de jeunes)

    … caissier/caissière

    … réceptionniste/secrétaire/babysitter/bénévole

    … main-d'œuvre dans une ferme/dans les champs

travailler dans un magasin/un café/un bar/un restaurant/une usine/un bureau/un office de tourisme

Dans le cadre de CAS, je suis bénévole dans une association caritative.

J'ai un petit boulot pour gagner un peu d'argent.

Là où je vis, les jeunes n'ont pas le droit d'avoir un emploi.

Je vais faire un stage dans l'entreprise où travaillent mes parents.

Je travaille 8 heures par semaine et je gagne 12 euros de l'heure.

Ce n'est pas toujours facile de concilier les études et un petit boulot.

Dans certains pays francophones, les jeunes doivent travailler pour contribuer aux frais de la famille.

* **Après avoir fait** un stage, je connais mieux le monde du travail.

* **Après avoir travaillé** dans un magasin, je sais que ce n'est pas un travail pour moi!

* **Après être allé(e)** à l'étranger pour faire un stage, j'ai appris beaucoup de choses utiles pour l'avenir.

* **Après m'être occupé(e)** de deux enfants pendant un an, j'ai décidé que je voulais devenir professeur.

Faire un stage/un job est une première expérience professionnelle et fait bonne impression sur son CV.

Avoir un job permet d'acquérir de nouvelles compétences et de se préparer à la vie active.

Work placements and small jobs

to do …

    … a work placement/an internship in a company

    … casual work/a summer job

    … a summer job/seasonal work

    … volunteering

to work as …

    … a waiter/waitress

    … a (tele)sales assistant

    … a delivery person

    … a youth leader

    … a checkout assistant

    … a receptionist/secretary/babysitter/volunteer

    … a worker on a farm/in the fields

to work in a shop/a café/a bar/a restaurant/a factory/an office/a tourist office

As part of CAS, I volunteer in a charity organization.

I have a small job to earn some money.

Where I live, young people are not allowed to have a job.

I'm going to do a work placement in the company where my parents work.

I work 8 hours a week and make 12 euros an hour.

It is not always easy to manage studying and having a small job.

In some French-speaking countries, young people have to work to contribute to the family's expenses.

After doing a work placement, I know more about the world of work.

After working in a shop, I know that this is not the job for me!

After going abroad for a placement, I learnt many useful things for the future.

After taking care of two children for a year, I decided that I wanted to become a teacher.

Doing a placement/a small job is a first professional experience and makes a good impression on your CV.

Having a job allows you to acquire new skills and to prepare yourself for working life.

C Lieu de travail

Le choix d'une profession / Choosing a profession

les critères (mpl) de choix d'un métier	criteria for choosing a profession
l'intérêt (m) du travail	the interest of the job
la sécurité de l'emploi	job security
l'utilité (f) pour la société	usefulness to society
les collègues (mfpl)	colleagues
les horaires (mpl) de travail	working hours
le salaire/la rémunération	salary/wages
le lieu de travail	work location
les responsabilités (fpl)	responsibilities
les possibilités (fpl) de promotion	promotion opportunities
chercher un emploi	to look for a job
poser sa candidature/postuler	to apply for a job
envoyer son CV (m)/une lettre de motivation	to send a CV/a cover letter
passer/réussir un entretien d'embauche	to go to/to succeed in a job interview
travailler …	to work …
… seul(e)/en équipe	… alone/in a team
… en plein air/dans un bureau/à domicile	… outdoors/in an office/at home
… avec des enfants/des jeunes/des personnes âgées/des animaux	… with children/young people/the elderly people/animals
… comme professeur(e) dans un lycée	… as a teacher in a high school
faire un travail/un métier …	to do a job which is …
… utile aux autres	… useful to others
… bien rémunéré	… well paid
… qui correspond à mes centres d'intérêt/mes aptitudes/mes valeurs	… that corresponds to my interests/skills/values
avoir les qualités/les qualifications/les compétences nécessaires	to have the necessary qualities/qualifications/skills
Je voudrais travailler dans la recherche scientifique.	I would like to work in scientific research.
Mon ambition, c'est de devenir avocat(e).	My ambition is to become a lawyer.
Quand j'étais petit(e), je voulais être astronaute.	When I was little, I wanted to be an astronaut.
Le métier qui m'attire le plus, c'est médecin/journaliste/interprète.	The job I am most interested in is doctor/journalist/interpreter.
J'ai l'intention d'avoir ma propre compagnie/de travailler pour une multinationale.	I plan to have my own company/to work for a multinational.
Je voudrais faire carrière dans les affaires/les relations internationales/la diplomatie.	I would like to pursue a career in business/international relations/diplomacy.
Ce qui me plairait le plus, ce serait de travailler dans le secteur humanitaire.	What I would like most is to work in the humanitarian sector.
Mon objectif principal, ce n'est pas de gagner de l'argent mais de faire un travail qui me passionne.	My main goal is not to make money but to do a job that I am passionate about.
* Mes parents **voudraient que je fasse** un métier qui paie bien.	My parents **would like me to do** a job that pays well.
* Mon père/Ma mère **voudrait que je sois** architecte, comme lui/elle.	My father/mother **would like me to be** an architect like him/her.
* Ma famille **aimerait que j'aille** travailler à l'étranger pour quelques années.	My family **would like me to** work abroad for a few years.

Les conditions de travail / Working conditions

un emploi à temps complet	full-time job
un emploi à temps partiel/à mi-temps	part-time job
un emploi en contrat à durée déterminée (CDD) (*en France*)	fixed-term/temporary employment
un emploi en contrat à durée indéterminée (CDI) (*en France*)	permanent employment
le salaire minimum	minimum wage
un demandeur d'emploi	job seeker
s'inscrire dans une agence pour l'emploi/à Pôle Emploi (*en France*)	to register with an employment agency/a job centre (employment office)
travailler dans de bonnes/de mauvaises conditions/travailler de longues heures	to work in good/bad conditions/to work long hours
faire des heures supplémentaires	to do overtime
faire les trois-huit, travailler par rotation/travailler de nuit	to do shift work/to work night shifts
gagner le SMIC (*en France: salaire minimum interprofessionnel de croissance*)	to earn the minimum wage
avoir droit à des congés payés	to be entitled to paid leave
être au chômage	to be unemployed
recevoir des allocations chômage	to receive unemployment benefits
Les conditions de travail ici sont excellentes/déplorables.	The working conditions here are excellent/deplorable.
Les employés/Les travailleurs sont très bien payés/mal payés/sous-payés/exploités.	Employees/Workers are very well paid/poorly paid/underpaid/exploited.
Depuis la pandémie de COVID-19, le télétravail/le travail à domicile s'est beaucoup développé.	Since the COVID-19 pandemic, teleworking (*or* telecommuting)/working from home has become more common.
Le taux de chômage chez les jeunes/les personnes en situation de handicap est plus élevé que pour le reste de la population.	The unemployment rate for youth/people with a disability is higher than for the rest of the population.
Ce n'est pas facile d'obtenir un premier emploi quand on n'a pas d'expérience. **C'est pour cette raison qu'**il est utile d'avoir fait un stage/d'avoir eu un petit boulot.	It's not easy to get a first job when you have no experience. **That's why** it's helpful to have done a work placement/to have had a small job.
Pendant la crise sanitaire, beaucoup d'entreprises ont fermé et, **par conséquent,** beaucoup de gens ont perdu leur emploi.	During the health crisis, many companies closed and **consequently** many people lost their job.
Beaucoup de gens n'ont pas de travail dans leur pays et viennent **donc** ici pour trouver un emploi.	Many people don't have work in their home countries and **therefore** come here to find a job.
C'est important d'avoir un bon équilibre entre vie professionnelle et vie privée et **ainsi**, on peut réduire le stress.	It is important to have a good work-life balance, **thus** you can minimize stress.
Beaucoup de gens ne gagnent pas assez d'argent, **alors** certains travaillent au noir pour arrondir leurs fins de mois.	Many people don't earn enough money, **so** some work off the books/moonlight to earn extra money.
avoir du mal à joindre les deux bouts (*id*)	to struggle to make ends meet
mettre du beurre dans les épinards (*id*)	to top up your income (*literal: to put butter in the spinach*)

Organisation sociale 4

D Problèmes sociaux

Problèmes de jeunes / Youth problems

Les problèmes liés à la famille et à l'école / Family- and school-related problems

les rapports conflictuels avec les parents/la famille/les proches	confrontational relationships with parents/family/relatives
le conflit des générations	generation gap
l'échec (m)/la réussite scolaire	failure/success in school
le stress des examens	stress of exams
subir l'influence (f) des parents/des profs	to be influenced by parents/teachers
avoir peur de l'avenir (m)/du chômage (m)	to be afraid of the future/of unemployment
faire une fugue	to run away from home
Mes résultats scolaires ne sont jamais assez bons pour mes parents et ça me démoralise.	My school results are never good enough for my parents and that depresses me.
Beaucoup de jeunes souffrent de la pression parentale et certains vont jusqu'à fuguer.	Many young people suffer from parental pressure and some even run away.
Certains parents sont surprotecteurs, mais on a besoin d'indépendance et d'autonomie.	Some parents are overprotective, but we need some independence and autonomy.

Les problèmes liés à la santé physique et mentale / Physical and mental health issues

les problèmes (mpl) de poids/l'obésité (f)	weight problems/obesity
la boulimie/l'anorexie (f)	bulimia/anorexia
le manque d'estime (f) de soi/de confiance (f) en soi	lack of self-esteem/self-confidence
l'automutilation (f)	self-harm
avoir une image négative de son corps	to have a negative image of your body
avoir des crises (fpl) de panique	to have panic attacks
se sentir déprimé(e)/souffrir de dépression	to feel depressed/to suffer from depression
avoir des idées (fpl) suicidaires	to have suicidal thoughts
Le stress et l'anxiété sont des émotions difficiles à gérer.	Stress and anxiety are difficult emotions to manage.
Pour certains jeunes, perdre du poids devient une obsession: ils font des régimes qui mènent parfois à des troubles alimentaires graves.	For some young people, losing weight becomes an obsession: they go on diets that sometimes lead to serious eating disorders.
Vouloir à tout prix correspondre aux images diffusées par les médias peut mener à la dépression.	Wanting at all costs to look like the images in the media can lead to depression.

Les problèmes liés aux comportements à risque / Problems related to high-risk behaviour

la délinquance juvénile	juvenile delinquency
la consommation d'alcool/de tabac/de drogues/de stupéfiants	alcohol/tobacco/drug use
les problèmes de dépendance/d'addiction	dependency/addiction issues
avoir de mauvaises fréquentations	to hang out with the wrong crowd
commettre un délit/une infraction/un vol à l'étalage	to commit a crime/an offence/shoplifting
Beaucoup de jeunes essaient des substances illicites, **notamment** le cannabis.	Many young people try illicit substances, **notably** cannabis.
Le binge drinking est un gros problème, **en particulier** pendant les soirées ou les grandes fêtes.	Binge dinking is a big problem, **particularly** at parties or large gatherings.
Certains jeunes prennent des risques **surtout** quand ils sont ivres/quand ils sont en bande.	Some young people take risks **especially** when they are drunk/when they are in a group.

Organisation sociale 4

Les problèmes d'identité face aux autres — Identity issues in relation to others

l'orientation (f) sexuelle	sexual orientation
l'identité (f) de genre	gender identity
les préjugés (mpl)/les stéréotypes (mpl)	prejudice/stereotypes
se conformer aux normes (fpl) du groupe	to conform to the norms of the group
résister à la pression des pairs/du groupe	to resist peer/group pressure
ne pas pouvoir donner son opinion (f)	to not be able to give your opinion
ne pas avoir le droit à la parole	to not be allowed to speak up
Je n'ai pas confiance en moi quand je suis avec des gens de mon âge.	I don't feel confident when I'm around people my own age.
Je suis non-binaire/transgenre/gay et je me sens parfois vulnérable et isolé(e).	I am non-binary/transgender/gay and sometimes I feel vulnerable and isolated.
Ce n'est pas toujours facile d'assumer sa différence et de se faire accepter comme on est.	It's not always easy to be different and to be accepted as you are.
* C'est inacceptable que les ados soient victimes des préjugés de leurs pairs/des adultes/de la société.	It's unacceptable that teenagers are victims of prejudice from their peers/adults/society.
* Je ne pense pas que l'opinion des jeunes ait beaucoup d'importance dans la société.	I don't think that the opinions of young people have much importance in society.
* Il semble que nos inquiétudes pour la société et notre avenir ne soient pas vraiment prises en compte.	It seems that our concerns for society and our future are not really taken into account.
* Il faudrait qu'on puisse voter à l'âge de 16 ans pour exprimer nos opinions.	We should be able to vote at the age of 16 to express our opinions.

Exclusion sociale et marginalisation économique — Social exclusion and economic marginalisation

les marginalisés	marginalized people
les sans-abri (mpl) (ou les personnes sans domicile fixe (SDF))	homeless people
les immigrés (mpl)	immigrants
les réfugié(e)s (mfpl)	refugees
les demandeurs (mpl) d'asile	asylum seekers
les sans-papiers (mpl)	undocumented/illegal migrants
les personnes âgées/les seniors	senior citizens/the elderly
les personnes en situation de handicap	people with disabilities
les chômeurs (mpl)	the unemployed
galérer (m)	to struggle/to have a hard time
se sentir isolé(e)	to feel isolated
être rejeté(e)/exclu(e)	to be rejected/excluded
tomber dans la précarité/la grande pauvreté	to fall into poverty/extreme poverty
vivre dans la rue/dans des conditions insalubres/dans des bidonvilles	to live on the street/in unhealthy conditions/in shanty towns
mendier/faire la manche (fam)	to beg
C'est la galère pour beaucoup de gens. (fam)	It's a struggle for many people.
Il y a tellement de problèmes sociaux dans le monde mais le pire selon moi, c'est la pauvreté.	There are so many social problems in the world but the worst, in my opinion, is poverty.
Ici, le chômage fait tant de ravages depuis la pandémie de COVID-19.	Here, unemployment has taken such a toll since the COVID-19 pandemic.

Certaines familles sont **si** pauvres qu'elles ne peuvent plus subvenir à leurs besoins essentiels.	Some families are **so** poor that they can no longer meet their basic needs.

Les causes de l'exclusion / Reasons for social exclusion

la discrimination raciale/sexuelle/religieuse/sociale	racial/sexual/religious/social discrimination
la perte d'un emploi	losing your job
le chômage à long terme	long-term unemployment
la maladie/une mauvaise santé	illness/ill health
le manque d'éducation	lack of education
le manque d'opportunités économiques	lack of economic opportunity
le manque de logement abordables	lack of affordable housing
Certains sombrent dans la précarité **à cause de** difficultés personnelles, comme un divorce.	Some of them sink into poverty **because of** personal difficulties, such as a divorce.
Beaucoup de gens sont dans la misère **suite à** des guerres et des catastrophes naturelles.	Many people are destitute **because of** wars and natural disasters.
Au moins 30% de la population mondiale souffre de famine et de pénurie d'eau.	At least 30% of the world's population suffers from hunger and water shortages.

Comment réagir et comment agir / How to react and take action

Ça me rend triste/furieux(euse).	**It makes me** sad/angry.
Ça me met en colère.	**It makes me** angry.
Ça me fait de la peine.	**It makes me feel** sad/It hurts me.
aider les personnes démunies	to help the poor
lutter contre les inégalités (fpl)	to fight inequality
faire preuve de solidarité	to show solidarity
participer à des projets solidaires	to participate in solidarity projects
faire du bénévolat (m) (pour une association caritative)	to do volunteer work (for a charity)
collecter des fonds (mpl)/de la nourriture/des vêtements (mpl)	to collect funds/food/clothes
participer à des campagnes (fpl) de sensibilisation	to take part in awareness campaigns
Je veux aider les personnes moins privilégiées que moi.	I want to help people who are less privileged than me.
Dans le cadre de CAS, je vais une fois par semaine tenir compagnie à des personnes âgées.	As part of CAS, I go once a week to keep elderly people company.
Je suis bénévole dans une banque alimentaire/une organisation qui s'occupe de donner des repas aux sans-abri.	I am a volunteer in a food bank/an organization that gives meals to the homeless.
En France, l'association *Les Restos du Cœur* offre des repas gratuits aux personnes dans le besoin.	In France, the *Restos du Cœur* association provides free meals to people in need.
Dans mon pays, il n'y a pas de *SAMU social* comme en France pour aider les plus démunis.	In my country, there is no *SAMU social* like in France to help the most destitute.
On peut lutter contre l'exclusion …	We can fight against exclusion …
… **en rendant** les rues et les bâtiments plus accessibles aux personnes handicapées.	… **by making** streets and buildings more accessible to people with a disability.
… **en créant** plus de foyers d'urgence et de centres d'hébergement.	… **by creating** more emergency shelters and hostels.
… **en construisant** plus de logements sociaux pour les personnes qui ont de bas salaires.	… **by building** more social housing for people on low wages.
Le commerce équitable permettrait d'améliorer les conditions de vie des producteurs des pays pauvres.	Fair trade would improve the living conditions of producers in poor countries.

5 Partage de la planète

A Climat

Quel temps fait-il?	**What's the weather like?**
il fait …/il ne fait pas …	the weather (*or* it) is …/is not …
… beau	… nice
… chaud	… hot
… froid/il fait frette *(au Québec)*	… cold
… frais	… chilly
il y a …	it is …
… du soleil (m)	… sunny
… du vent (m)	… windy
… des nuages (mpl)	… cloudy
… de l'orage (m)/de la tempête	… stormy/there is a storm
il y a …	there is …
… du tonnerre (m)	… thunder
… des éclairs (mpl)	… lightning
il n'y a pas de …	it is not …
… brouillard (m)	… foggy
… pluie (f)	… rainy
… nuages	… cloudy
Il pleut./Il mouille. *(au Québec)*	It's raining.
Il neige.	It's snowing.
Il gèle.	It's freezing.
Il fait 35 degrés/moins 10 degrés.	It's 35 degrees/minus 10.
Il fait mauvais temps aujourd'hui.	The weather's bad today.
C'est en train de se couvrir.	It's getting cloudier/overcast.
J'espère qu'il va faire beau.	I hope the weather will be nice.
J'espère qu'il ne pleuvra pas.	I hope it won't rain.
À chaque fois que je sors, il se met à/il commence à pleuvoir!	Every time I go out, it starts to rain!
J'adore sortir sous la pluie/quand il pleut à verse!	I love going out in the rain/when it's pouring!
Quand il fait chaud, je reste à l'ombre/au frais.	When it's hot, I stay in the shade/cool.
Quand il fait froid, il faut bien se couvrir.	When it's cold, you must wrap up well.
Aujourd'hui, il a fait gris mais il n'a pas plu.	Today it was overcast but it didn't rain.
Hier, il a fait froid et il y a eu beaucoup de vent.	Yesterday it was cold and very windy.
Pendant mes dernières vacances, il faisait très froid et il pleuvait tous les jours. C'était pénible!	During my last holiday, it was very cold and it rained every day. It was so unpleasant!
Quand j'ai quitté la maison ce matin, il neigeait.	When I left the house this morning, it was snowing.
Je ne suis pas sorti(e) aujourd'hui parce qu'il faisait trop froid/trop chaud.	I didn't go out today because it was too cold/too hot.
* Hier matin, je voulais sortir courir mais il s'est mis à neiger.	Yesterday morning, I wanted to go out for a run but it started to snow.
* **S'il fait** beau, **on pourra** aller se promener.	**If the weather is** nice, **we can** go for a walk.
* **S'il faisait** plus chaud, **on pourrait** aller à la plage.	**If it was** warmer, **we could** go to the beach.

* **S'il avait fait** beau, **on aurait pu** aller se promener.

Il fait un temps de chien! (id)

Il fait un froid de canard! (id)

If the weather had been nice, **we could have** gone for a walk.

The weather is awful! (*literal: It's a dog's weather!*)

It's freezing! (*literal: It's duck cold!*)

Les prévisions météo

la météo(rologie)	weather/meteorology
le bulletin météo	weather report
une averse	shower
une éclaircie	bright spell
une chute de neige	snowfall
des grêlons (mpl)	hailstones
du gel (m)/de la gelée blanche	frost
une perturbation	disturbance
des conditions (fpl) stables/changeantes	stable/changing conditions
des températures (fpl) basses/élevées pour la saison	low/high temperatures for the season
des températures hivernales/estivales	winter/summer temperatures
la canicule	heatwave

The weather forecast

Je regarde la météo tous les matins à la télé.

I watch the weather forecast on television every morning.

Je n'ai pas regardé la météo hier soir.

I didn't watch the weather forecast last night.

J'écoute la météo pour savoir comment m'habiller.

I listen to the weather forecast to know what to wear.

Je n'écoute pas la météo parce qu'ils se trompent souvent!

I don't listen to the weather forecast as they often get it wrong!

Aujourd'hui, ils disent que/qu' …

Today, they're saying that …

… les températures sont à la baisse/en hausse.

… the temperatures are down/up.

… il y aura des gelées matinales.

… there will be early morning frost.

… il y a des risques de verglas.

… there is a risk of black ice/icy patches.

… ce sera orageux/nuageux/brumeux.

… it will be stormy/cloudy/foggy.

… le soleil brillera sur toute la partie sud du pays.

… it will be sunny over the whole southern part of the country.

… il y aura des brumes matinales à l'ouest.

… there will be early morning fog in the west.

… le ciel restera couvert sur la partie nord du pays.

… the sky will remain overcast over the northern part of the country.

… le vent soufflera à environ 120 kilomètres-heure dans les régions de l'est.

… the wind will blow at about 120 kms per hour in the eastern regions.

… partout ailleurs, la journée sera sèche et ensoleillée.

… elsewhere, the day will be dry and sunny.

… les températures seront élevées en fin de matinée.

… temperatures will be high late morning.

… le ciel se couvrira et il y aura des averses en fin de journée.

… the sky will become overcast and there will be showers in the evening.

… le vent soufflera très fort et il y aura des risques de tempête en soirée.

… winds will be very strong and there will be a chance of a storm in the evening.

… on attend des températures allant jusqu'à 48 degrés.

… temperatures are expected to reach 48 degrees.

N'oubliez pas votre parapluie aujourd'hui!

Don't forget your umbrella today!

Prenez garde aux rafales de vent!

Beware of gusts of wind!

Évitez de sortir si possible, vu les conditions dangereuses sur les routes.

Faites bien attention aux coups de soleil!

Avoid going out if possible due to dangerous road conditions.

Beware of sunburn!

Voir 6 A

Le climat de ma région/de mon pays

l'hémisphère sud/nord

un climat continental/océanique /tropical/équatorial/désertique

un climat humide/sec/froid/chaud

un microclimat

un temps variable/changeant/stable

un ouragan/un cyclone/un typhon

la saison des pluies/la saison sèche

la pluie de mousson/les moussons (fpl)

Dans mon pays, c'est le même climat partout.

Chaque région de mon pays a un climat différent.

Ici, on a les quatre saisons dans la même journée!

Ici, il y a deux saisons: la période sèche et la période humide.

Le temps varie selon les saisons: l'hiver est froid, le printemps est pluvieux, l'été est chaud et sec et l'automne est doux, en général.

Ma région a la réputation d'être la plus humide/ sèche/ensoleillée du pays.

Il pleut beaucoup mais ça ne dure jamais très longtemps.

Il ne pleut pratiquement jamais ici et il y a souvent des tempêtes de sable.

En été, l'atmosphère est moite et pesante.

Ici, en automne, il fait doux mais c'est très humide.

En hiver, les températures ne dépassent jamais zéro degré.

Pendant la saison sèche, c'est souvent la canicule.

Les températures ne varient pas beaucoup tout au long de l'année.

Le matin, il fait frais, mais le reste de la journée, il fait très lourd.

Si les journées sont étouffantes, les nuits, elles, sont extrêmement froides.

* **Le meilleur** moment pour visiter ma région, c'est de mai à septembre, quand il fait beau et il ne pleut pas trop.

* **La meilleure** période pour venir ici, c'est pendant l'été indien, quand il ne fait ni trop chaud, ni trop froid.

* **Le pire** moment ici, c'est l'hiver car les journées sont courtes et le temps est glacial.

* **La pire** saison pour les visiteurs, c'est la saison sèche parce qu'il fait une chaleur caniculaire.

The climate of my region/country

southern/northern hemisphere

continental/oceanic/tropical/equatorial/desert climate

humid/dry/cold/hot climate

microclimate

variable/changing/stable weather

hurricane/cyclone/typhoon

rainy season/dry season

monsoon rain/monsoons

In my country, it is the same climate everywhere.

Each region of my country has a different climate.

Here, we have all four seasons in the same day!

Here, there are two seasons: the dry season and the wet season.

The weather varies according to the season: winter is cold, spring is rainy, summer is hot and dry, and autumn is usually mild.

My region has the reputation of being the wettest/driest/ sunniest in the country.

It rains a lot but it never lasts very long.

It hardly ever rains here and there are often sandstorms.

In summer, the atmosphere is muggy and heavy.

In autumn, it is mild here but very humid.

In winter, the temperatures never get above zero degrees.

During the dry season, there often is a heatwave.

The temperatures do not vary much throughout the year.

In the morning, it is cool but for the rest of the day, it is very muggy.

If it's stifling during the day, it is extremely cold during the night.

The best time to visit my region is from May to September when the weather is nice and it doesn't rain too much.

The best time to come here is during the Indian summer, when it is neither too hot nor too cold.

The worst time to come here is in winter when the days are short and the weather is freezing.

The worst season for visitors is the dry season because it is scorching hot.

L'influence du temps sur notre mode de vie

se réchauffer/se rafraîchir

profiter du soleil/de la fraîcheur

se protéger du froid/de la chaleur/du soleil/du vent

Le climat affecte notre façon de vivre.

Le temps qu'il fait influe sur …

   … ce qu'on porte comme vêtements.

   … ce qu'on mange comme nourriture.

   … ce qu'on fait comme sport.

On fait attention à …

   … se protéger de la chaleur/du soleil.

   … porter un chapeau/une casquette.

   … s'habiller chaudement.

   … mettre des gants/des bottes fourrées.

On est obligés de/d' …

   … fermer les fenêtres et les volets.

   … mettre la climatisation/la clim' (fam).

   … mettre le chauffage (central).

   … allumer la lumière.

Dans les pays chauds, on a l'habitude de …

   … vivre dehors/à l'extérieur.

   … se lever plus tôt.

   … faire la sieste l'après-midi.

   … se coucher plus tard.

   … manger des plats légers.

   … mettre du carrelage dans les maisons.

Dans les pays froids, on a tendance à …

   … éviter de sortir.

   … manger de la nourriture plus calorifique.

   … mettre de la moquette dans les maisons.

   … faire du feu dans la cheminée.

Les maisons sont construites de façon à …

   … garder la fraîcheur.

   … conserver la chaleur.

   … laisser entrer la lumière.

   … résister aux tornades/aux pluies diluviennes.

Dans le sud de la France, les magasins ouvrent tôt le matin et ferment tard quand il fait plus frais.

À Montréal, au Canada, il y a une ville souterraine pour éviter de sortir dans le froid.

Les habitations dans les villages du Sénégal sont souvent en terre pour protéger des chaleurs torrides.

The influence of the weather on our way of life

to warm yourself up/to cool yourself down

to enjoy the sun/the cool

to protect yourself from the cold/the heat/the sun/the wind

Climate affects the way we live.

The weather **affects** …

   … what we wear.

   … what we eat.

   … what sport we do.

We are careful to …

   … protect ourselves from the heat/the sun.

   … wear a hat/a cap.

   … dress warmly.

   … put on gloves/furry boots.

We have to …

   … close the windows and shutters.

   … turn on the air conditioning/the AC.

   … turn on the (central) heating.

   … turn on the light.

In hot countries, **we are used to** …

   … living outside.

   … getting up earlier.

   … taking a nap in the afternoon.

   … going to bed later.

   … eating light meals.

   … having tiled floors in the house.

In cold countries, we **tend to** …

   … avoid going out.

   … eat more calorific food.

   … have carpets in the house.

   … have a fire in the fireplace.

The houses are built **so as to** …

   … keep everything cool.

   … keep the heat in.

   … let light in.

   … withstand tornadoes/rainstorms.

In the south of France, shops open early in the morning and close late when it is cooler.

In Montreal, Canada, there is an underground city to avoid having to go out in the cold.

Homes in Senegalese villages are often built out of earth to protect against the scorching heat.

5 Partage de la planète

B Géographie physique

Les paysages — Landscapes

un pays	country
un continent	continent
une île	island
un archipel	archipelago
la mer/l'océan (m)	sea/ocean
un lac	lake
une rivière/un fleuve	river
une plage	beach
une cascade/une chute d'eau	waterfall
une vallée	valley
une plaine	plain
un plateau	plateau
une colline	hill
une montagne	mountain
une forêt/un bois	forest/wood
un désert (de sable/de pierres)	(sand/stone) desert
une dune (de sable)	(sand) dune
une oasis	oasis
un volcan (éteint/actif)	(extinct/active) volcano
une grotte	cave
Ma région est située dans le nord/l'est/l'ouest/le sud/au centre du pays.	My region is located in the north/east/west/south/centre of the country.
J'habite une région montagneuse/volcanique/désertique/urbanisée.	I live in a mountainous/volcanic/desert/urbanized area.
Il y a des paysages/des panoramas magnifiques.	There are beautiful landscapes/views.
C'est une belle région avec des paysages très divers.	It is a beautiful region with very varied landscapes.
Par ici, c'est très plat/très vallonné.	Around here, it is very flat/very hilly.
La forêt tropicale couvre plus de la moitié du pays.	The tropical forest covers more than half of the country.
Là où j'habite, les paysages n'ont rien d'extraordinaire et il n'y a rien de spécial à voir.	Where I live, the landscapes are not extraordinary and there is nothing special to see.
C'est une région essentiellement agricole/industrielle.	It is a mainly agricultural/industrial region.
Il y a surtout des champs/des rizières/des fermes/des usines/des habitations à perte de vue.	There are mostly fields/rice fields/farms/factories/houses as far as the eye can see.
Mon pays n'a pas accès à la mer mais il y a beaucoup de cours d'eau.	My country has no access to the sea/is landlocked but there are many rivers.
Le sommet le plus élevé fait plus de 8000 mètres de haut.	The highest peak is more than 8000 metres high.
* J'aime bien là où j'habite parce qu'on **y** trouve des lagons magnifiques.	I like the area I live in because there are beautiful lagoons **here**.
* Le littoral est très beau et on **y** voit des barrières de corail.	The coastline is very beautiful, and you can see coral reefs **there**.
* Mon pays est très sauvage et on peut **y** observer beaucoup d'animaux.	My country is very wild, and you can see many animals **here**.
* J'adore vivre dans ce coin parce qu'on peut **y** voir des endroits spectaculaires.	I love living in this area because you can see spectacular places **here**.

* Je me sens privilégié(e) d'habiter dans un endroit aussi beau: la nature y est extraordinaire.

I feel privileged living in such a beautiful place: the nature is extraordinary **here**.

L'influence de la géographie sur la vie d'un pays

Les activités de loisirs

Au bord de la mer/Sur un lac, on fait …

  … des sports nautiques, tels le ski nautique, la voile, le surf, etc.

  … de la pêche/de la plongée.

  … du kitesurf/du parachute ascensionnel.

En montagne, les gens font …

  … des sports de glisse comme le ski alpin, le monoski, le snowboard, etc.

  … de l'alpinisme (m)/de l'escalade (f).

  … de la randonnée (à pied).

  … de la randonnée à VTT.

  … du parapente (m).

Certains sports dépendent du terrain, comme le canyonisme, la spéléologie ou la varappe.

Les activités économiques du pays

l'agriculture (f)

l'élevage (m)

la pêche

l'industrie (f)

l'artisanat (m)

la production de pétrole

la production d'énergie solaire

L'activité économique principale de ma région/mon pays, c'est le tourisme.

Comme ma région est très urbanisée, elle vit surtout des industries de service.

Vu qu'il y a beaucoup de forêts ici, la région est une grande productrice de bois.

Puisqu'ici les sous-sols sont riches en minéraux, beaucoup de gens travaillent dans des mines.

Étant donné la proximité de la mer Méditerranée, le nautisme est une activité importante dans le sud de la France.

Du fait qu'ici, les terres sont très fertiles, la majorité des habitants produisent des fruits et légumes.

* Ici, c'est la pêche artisanale qui domine et l'emploi de beaucoup de gens en dépend.

* Les sols de beaucoup de pays francophones d'Afrique sont très riches, mais les populations locales n'en bénéficient pas forcément.

* La pandémie de COVID-19 a causé la diminution du tourisme, et les gens ici en souffrent beaucoup.

* Avant COVID-19, les gens gagnaient leur vie grâce à l'artisanat, mais maintenant, ils ne peuvent plus en vivre.

The influence of geography on the lifestyle of a country

Leisure activities

At the seaside/On a lake, you can do …

  … water sports, such as water-skiing, sailing, surfing, etc.

  … fishing/diving.

  … kitesurfing/parasailing.

In the mountains, people do …

  … snow sports like downhill skiing, monoskiing, snowboarding, etc.

  … mountaineering/climbing.

  … hiking.

  … mountain biking.

  … paragliding.

Some sports depend on the terrain, such as canyoning, caving, or rock climbing.

The economic activities of the country

agriculture

livestock farming

fishing

industry

handicrafts

oil production

solar energy production

The main economic activity of my region/country is tourism.

As my region is very urbanized, it depends mostly on service industries.

Since there are a lot of forests here, the region is a big producer of wood.

Since the subsoil here is rich in minerals, many people work in the mines.

Because of the proximity of the Mediterranean Sea, water sports are an important activity in the south of France.

Because the land here is very fertile, most of the inhabitants grow fruits and vegetables.

Small-scale fishing dominates here and the jobs of many people depend **on it**.

The soils of many French-speaking countries in Africa are very rich, but the local populations do not necessarily benefit **from this**.

The COVID-19 pandemic has caused a decrease in tourism and people here are suffering a lot **as a result**.

Before COVID-19, people used to earn a living from their handicrafts, but now they can no longer make a living **from this**.

5 Partage de la planète

C Environnement

L'impact de l'homme sur la nature / Human impact on nature

le réchauffement climatique	global warming
une catastrophe naturelle/un désastre naturel	natural disaster
une sécheresse	drought
une inondation	flooding
la pollution de l'air (m)/de l'eau (f)/des sols (mpl)	air/water/soil pollution
la pollution sonore/lumineuse	noise/light pollution
les déchets (mpl) plastiques/industriels/toxiques	plastic/industrial/toxic waste
les marées (fpl) noires	oil spills
l'utilisation (f) de pesticides (mpl)/d'engrais (mpl) chimiques	use of pesticides/chemical fertilizers
le braconnage	poaching
la surexploitation des ressources naturelles	overexploiting of natural resources
la destruction de l'habitat (m) naturel	destruction of the natural habitat
les espèces (fpl) en danger/les animaux (mpl) en voie d'extinction/de disparition	endangered species/endangered animals

Ici, la pollution est un problème très grave.
Here, pollution is a very serious problem.

Les feux/incendies de forêt sont un grand risque dans mon pays.
Forest fires are a big risk in my country.

La cause principale de la pollution de l'air, c'est la circulation et les gaz toxiques des usines.
The main cause of air pollution is traffic and toxic gases from factories.

Il y a de plus en plus d'inondations/de fonte des glaces à cause du réchauffement climatique.
There are more and more floods/ice melts because of global warming.

Dans certains pays francophones, comme en Afrique, les sécheresses deviennent de plus en plus fréquentes.
In some French-speaking countries, such as in Africa, droughts are becoming more and more frequent.

* Ce qui m'inquiète le plus, c'est que la nature est de plus en plus en danger à cause de l'homme.
What worries me the most is that nature is more and more in danger because of man.

* Ce qui m'énerve le plus, c'est quand les gens ne ramassent pas leurs détritus.
What annoys me the most is when people don't pick up their rubbish.

* Ce que je ne supporte pas, c'est quand les gens ne font rien pour protéger la biodiversité.
What I can't stand is when people do nothing to protect biodiversity.

* Ce que je crains le plus, c'est l'effet de serre et le réchauffement de la planète.
What I fear most is the greenhouse effect and global warming.

* Ce dont j'ai le plus peur, c'est la disparition des insectes, comme les abeilles.
What I fear most is the disappearance of insects, like bees.

* Ce dont on doit prendre conscience, c'est que les effets du changement climatique sont irréversibles.
What we have to realize is that the effects of climate change are irreversible.

Les gestes écologiques pour préserver l'environnement / Green acts to preserve the environment

Les petits gestes sont essentiels, comme …
Little things are essential, like …

- … éteindre les lumières. / … turning off the lights.
- … faire partie d'une association écologique/verte. / … being part of a(n) ecological/green association.
- … faire le tri sélectif. / … sorting waste.
- … fermer le robinet. / … turning off the tap.
- … acheter des produits bio. / … buying organic products.

5 Partage de la planète

... manger des fruits (mpl) et légumes (mpl) de saison.

... récupérer l'eau de pluie pour arroser.

... ne pas laisser traîner ses déchets.

... économiser le papier.

... choisir un fournisseur d'électricité écologique.

J'ai bien l'intention de ...

... prendre mon vélo plutôt que la voiture.

... mettre un pull plutôt que de monter le chauffage.

... remplacer les bains par des douches pour économiser l'eau.

Je vais m'efforcer d'...

... utiliser des sacs en toile ou un panier à la place des sacs en plastique.

... acheter des produits réutilisables à la place de produits jetables, comme les masques ou les lingettes.

... acheter des produits locaux, et non pas des produits importés.

... éteindre les appareils au lieu de les laisser en veille, pour économiser l'électricité.

Je compte bien ...

... me servir de produits naturels au lieu de produits d'entretien chimiques.

... conduire une voiture électrique pour ne pas polluer.

... acheter des produits en vrac au lieu de produits conditionnés.

... apprendre à utiliser les restes pour ne pas gaspiller les aliments.

Je suis déterminé(e) à ...

... réduire mon empreinte carbone.

... adopter un mode de vie zéro déchet.

... devenir un éco-citoyen.

Avant, j'achetais des fruits dans des emballages en plastique, mais plus maintenant.

Avant, j'allumais tout de suite la climatisation, mais maintenant, je l'utilise le moins possible.

Mes parents prenaient leur voiture pour aller au travail, mais maintenant, ils font du co-voiturage.

Comment sauver la planète

La survie de la planète passe par ...

... la protection de l'environnement/la défense de la nature.

... la consommation responsable.

... le développement durable.

... le respect de la biodiversité.

... la défense des droits des animaux.

... eating fruits and vegetables in season.

... collecting rainwater for watering.

... not leaving rubbish lying around.

... saving paper.

... choosing a green electricity supplier.

I intend to ...

... use my bike **instead of** the car.

... put on a sweater **instead of** turning up the heating.

... **replace** baths with showers to save water.

I will try to ...

... use canvas bags or a basket **instead of** plastic bags.

... buy reusable products **instead of** disposable ones, such as masks or wipes.

... buy local products **and not** imported ones.

... turn off appliances **instead of** leaving them on standby, to save electricity.

I intend to ...

... use natural products **as opposed to** chemical cleaning products.

... drive an electric car **so as not to** pollute.

... buy loose products **rather than** packaged ones.

... learn to cook with leftovers **so as not to** waste food.

I am determined to ...

... reduce my carbon footprint.

... adopt a zero-waste lifestyle.

... become an eco-citizen.

I used to buy fruit in plastic wrappers, but not any more.

I used to turn on the air conditioning immediately, but now I use it as little as possible.

My parents used to drive to work, but now they carshare/carpool.

How to save the planet

The survival of the planet depends on ...

... the protection of the environment/of nature.

... consuming responsibly.

... sustainable development.

... respecting biodiversity.

... protecting animal rights.

Partage de la planète 5

Face à l'urgence de la crise écologique, on doit …	Faced with the urgency of the ecological crisis, we must …
… diminuer massivement la consommation de combustibles fossiles.	… massively reduce the consumption of fossil fuels.
… utiliser des matériaux biodégradables.	… use biodegradable materials.
… réduire le gaspillage alimentaire.	… reduce food waste.
… supprimer les gaz à effet de serre.	… eliminate greenhouse gases.
… privilégier les énergies propres et renouvelables, comme l'énergie solaire/éolienne/hydraulique/thermique.	… favour clean and renewable energies, such as solar/wind/water/thermal energy.
… intensifier le reboisement pour absorber les gaz carboniques.	… intensify reforestation to absorb carbon dioxide.
… arrêter la surpêche/la déforestation.	… stop overfishing/deforestation.
… améliorer le traitement des déchets, surtout des déchets toxiques/radioactifs.	… improve waste treatment, especially toxic/radioactive waste.
… combattre les comportements irresponsables.	… fight irresponsible behaviours.

Il faut lutter contre la désertification, qui entraîne des famines dans les régions très pauvres.

We must fight against desertification, which leads to famine in very poor regions.

On doit diminuer notre consommation de viande pour protéger l'environnement.

We must reduce our consumption of meat to protect the environment.

On ne peut plus rester passif, il faut réagir et rejoindre les activistes comme Greta Thunberg.

We cannot remain passive any more, we must react and join activists like Greta Thunberg.

* **Il faut absolument que** la municipalité/le gouvernement **fasse** des choix écologiques.

It is absolutely necessary that the council/the government **makes** green choices.

* **Il ne faut plus qu'**on se **serve** d'aérosols pour protéger la couche d'ozone.

We should no longer use aerosols, in order to protect the ozone layer.

* **Il est important que** les transports en commun **soient** plus fiables et moins chers pour encourager les gens à les utiliser.

It is important that public transport **is** more reliable and less expensive to encourage people to use them.

* **Il est urgent que** nous **arrêtions** de surexploiter les ressources naturelles de la planète.

It is urgent that we **stop** overexploiting the planet's natural resources.

* **Il est essentiel que** l'équilibre entre la nature et l'homme **soit** rétabli si nous voulons sauver la planète.

It is essential that the balance between nature and man **is** restored if we are to save the planet.

D Questions mondiales

Les inégalités / Inequalities

l'inégalité (f) entre les sexes	gender inequality
l'inégalité des chances	inequality of opportunity
l'inégalité des revenus	income inequality
la pauvreté (infantile)	(child) poverty
la fracture sociale/numérique	social/digital divide
l'analphabétisme (m)	illiteracy
la faim dans le monde	hunger in the world
la distribution inégale des richesses	unequal distribution of wealth
les réfugiés (mpl) climatiques	climate refugees
les pays (mpl) en développement	developing countries
le quart-monde	fourth world (poverty in rich countries)
l'esclavage (m) moderne	modern slavery

On constate des inégalités dans l'accès … / There are inequalities in accessing …
- … à l'éducation/à la culture. / … education/culture.
- … à l'emploi/au logement. / … employment/housing.
- … aux soins médicaux/à la vaccination (anti-COVID-19). / … medical care/(COVID-19) vaccination.
- … à la justice. / … justice.

Dans mon pays, beaucoup de personnes vivent … / In my country, many people live …
- … en dessous du seuil (m) de pauvreté. / … below the poverty line.
- … dans des quartiers défavorisés. / … in poor neighbourhoods.
- … dans des conditions insalubres. / … in unsanitary conditions.
- … sans eau ni électricité. / … without water or electricity.

Nous vivons dans un monde très inégalitaire. / We live in a very unequal world.

Selon moi, le racisme (institutionnel) est à la source de nombreuses inégalités. / In my opinion, (institutional) racism is the source of many inequalities.

On constate qu'en France, les groupes ethniques minoritaires sont les premiers à souffrir des inégalités. / We note that in France, ethnic minority groups are the first to suffer from inequality.

Les personnes de couleur occupent souvent des postes mal payés. / People of colour often have poorly paid jobs.

Le sexisme existe toujours dans notre société. / Sexism still exists in our society.

Les écarts entre les noirs et les blancs/les hommes et les femmes sont énormes. / The gaps between black people and white people/men and women are huge.

* **Il est difficile de nier** les inégalités qui existent entre les pays riches et les pays pauvres. / **It is hard to deny** the inequalities that exist between rich and poor countries.

* **Il est indéniable que** dans certains pays, les filles n'ont pas accès à l'éducation. / **It is undeniable that** in some countries, girls do not have access to education.

* **Il est évident que** pour les femmes, il existe un plafond de verre dans le monde du travail. / **It is obvious that** for women, there is a glass ceiling in the world of work.

* **Il est clair que** la pandémie de COVID-19 n'a fait qu'accentuer les inégalités sociales. / **It is clear that** the COVID-19 pandemic has only intensified social inequalities.

La guerre / War

les conflits (mpl) armés	armed conflicts
les bombardements (mpl)	bombings
les attaques (fpl) aériennes	air attacks

5 Partage de la planète

Partage de la planète 5

les attentats (mpl) terroristes	terrorist attacks
la torture	torture
les génocides (mpl)	genocide
les crimes (mpl) contre l'humanité	crimes against humanity
les violations (fpl) des droits de l'homme	human rights violations
les soldats (mpl)/l'armée (f)/les forces (fpl) d'occupation	soldiers/army/occupation forces
la destruction des villes/des villages/des habitations/des infrastructures (fpl)	destruction of cities/villages/homes/infrastructure
la population civile	civilian population
les populations (fpl) déplacées	displaced populations
les morts (mpl) et les blessés (mpl)	dead and injured
se battre/combattre	to fight/to combat
commettre des atrocités (fpl)	to commit atrocities
être blessé(e)	to be injured
risquer d'être tué(e)	to risk being killed
mourir/perdre la vie	to die/to lose your life
fuir les zones (fpl) de guerre	to flee war zones
courir le risque d'être fait prisonnier/d'être torturé(e)/violé(e)	to risk being taken prisoner/tortured/raped
Beaucoup quittent leur pays en guerre pour …	Many people leave their war-torn country to …
… protéger leur famille.	… protect their families.
… échapper à la mort/survivre.	… escape death/survive.
… aller dans des camps de réfugiés.	… go to refugee camps.
Beaucoup de survivants de conflits ont tout perdu et doivent s'exiler.	Many survivors of conflicts have lost everything and have to go into exile.
La guerre cause beaucoup de dégâts et de traumatismes psychologiques.	War causes a lot of damage and psychological trauma.
* Je trouve révoltant que de nos jours, les enfants souffrent encore des effets de la guerre.	**I find it appalling that** nowadays children still **suffer** from the effects of war.
* Je trouve inadmissible que dans certains pays, les enfants soient forcés de combattre.	**I find it unacceptable that** in some countries, children **are** forced to fight.
* Je trouve effrayant qu'on puisse utiliser des armes chimiques ou bactériologiques et peut-être même nucléaires.	**I find it terrifying that** some **can** use chemical or bacteriological and maybe even nuclear weapons.
* Je trouve incroyable qu'une personne sur quatre vive dans un pays affecté par un conflit.	**I find it unbelievable that** one in four people **lives** in a country affected by conflict.

Vers un monde meilleur

Towards a better world

la scolarisation	schooling
l'alphabétisation (f)	literacy programmes
la parité hommes-femmes	gender equality
le commerce équitable	fair trade
le développement durable	sustainable development
manifester/participer à des manifestations	to demonstrate/to take part in demonstrations
être bénévole dans une association caritative	to volunteer for a charity organization
participer aux actions (fpl) d'une organisation humanitaire	to join in the initiatives of a humanitarian organization
s'engager pour une cause	to get involved in/to campaign for a cause

5 Partage de la planète

Résoudre les problèmes mondiaux passe par …	Solving global issues requires …
… l'action des gouvernements.	… the action of governments.
… l'action des ONG (organisations non-gouvernementales).	… the action of NGOs (non-governmental organizations).
… l'action de chaque individu.	… the action of each individual.
Il est essentiel de/d'…	It is essential to …
… interdire le travail des enfants.	… ban child labour.
… scolariser les enfants.	… send children to school.
… accorder le droit d'asile aux réfugiés politiques/aux migrants économiques.	… grant asylum to political refugees/to economic migrants.
… éradiquer la pauvreté à long terme.	… eradicate poverty in the long term.
… mettre fin aux conflits armés.	… end armed conflicts.
Je me sens très privilégié(e) et je veux agir pour aider les gens dans le besoin.	I feel very privileged, and I want to do something to help people in need.
Personnellement, je soutiens l'action d'Amnesty International/de la Croix-Rouge, etc.	I personally support the work of Amnesty International/the Red Cross, etc.
Si l'argent était réparti de façon plus équitable, on réduirait les inégalités et les injustices.	If money was distributed more fairly, inequality and injustice would be reduced.
Si le commerce était plus équitable, on limiterait les besoins en aide internationale aux pays pauvres.	If trade were more equitable, the need for international aid to poor countries would be reduced.
La priorité des dirigeants des pays pauvres devrait être le bien-être de la population la plus vulnérable.	The priority of leaders in poor countries should be the welfare of the most vulnerable people.
* Les richesses devraient être mieux partagées **pour qu'**elles **puissent** profiter à tous.	Wealth should be better shared **so that** it **can** benefit everyone.
* **J'espère qu'**un jour, tout le monde **pourra** se faire soigner gratuitement.	**I hope that** one day everyone **will be able** to get free medical care.
* **Je voudrais que** tout le monde **puisse** manger à sa faim.	**I would like** everyone to **have** enough to eat.
* C'est utopique, sans doute, mais **j'aimerais qu'il** n'y **ait** plus de guerres et que le monde **soit** en paix.	It's utopian no doubt, but **I would like** wars **to end** and the world **to be** at peace.

Mots utiles

A Lexique utile

Les salutations	**Greetings**
Bonjour (Monsieur/Madame/Messieurs-dames)	Good morning/Hello (Sir/Madam/Ladies and Gentlemen) *(when addressing people, eg in a shop)*
Bonsoir	Good evening
Bienvenue	Welcome
Enchanté(e) (de faire ta/votre connaissance).	Lovely to meet you.
Heureux(euse) de te/vous rencontrer.	Pleased to meet you.
Salut! *(fam)*	Hi! *(fam)*
Ciao! *(fam)*	Bye/Goodbye!
Au revoir.	Goodbye.
À tout à l'heure./À tout de suite.	See you later./See you in a bit.
À plus tard./À plus. *(fam)*	See you later.
À bientôt.	See you soon.
À demain.	See you tomorrow.
À la semaine prochaine.	See you next week.
Bonne journée.	Have a good day.
Bon(ne) après-midi.	Good afternoon./Have a good afternoon.
Bonne soirée.	Good evening./Have a good evening.
Bonne nuit.	Good night.
Bonne semaine.	Have a good week.
Bon week-end.	Have a good weekend.
Bonnes vacances.	Have a good holiday./Enjoy your holiday.
Bon courage!	All the best!
Bonne chance!	Good luck!
Félicitations!	Congratulations!
À tes/vos souhaits!	Bless you! *(when someone sneezes)*
À la tienne/À la vôtre!/Santé!	Cheers!
Comment vas-tu/allez-vous?	How are you?
(Comment) ça va?	How are you doing?
Ça va! Et toi?/Et vous?	I am fine! What about you?
Ça va (assez/très) bien.	I'm doing (fairly/very) well.
Ça ne va pas (très) bien.	I'm not doing (too) great.
Pas trop mal.	Not too bad.
Ça ne va pas du tout.	I'm not well at all.
Quoi de neuf?	What's new?
Rien de spécial.	Nothing special.
Pas grand-chose.	Not a lot./Not much.
S'il te plaît/s'il vous plaît	Please
Merci (beaucoup).	Thanks (a lot).
Je te/vous remercie.	Thank you.
Je t'en/vous en prie.	You're welcome.
De rien./Il n'y a pas de quoi.	You're welcome. (*or* Don't mention it.)

Désolé(e).	Sorry.
(Je vous demande) pardon.	Excuse me./I beg your pardon.
Excuse-moi/excusez-moi.	Excuse me.
Pardon/Pardonnez-moi, monsieur/madame.	Sorry/Excuse me, please.
On se dit « tu »?/On se tutoie?	Shall we say 'tu' to each other? (*sign of being informal*)
Je préfère vous dire « vous »/vous vouvoyer.	I prefer to say 'vous' to you.

Les chiffres et les nombres — Figures and numbers

0 = zéro	zero
1 = un (le premier/la première)	one (the first)
2 = deux (le/la deuxième)	two (the second)
3 = trois (le/la troisième)	three (the third)
4 = quatre (le/la quatrième)	four (the fourth)
5 = cinq (le/la cinquième)	five (the fifth)
6 = six (le/la sixième)	six (the sixth)
7 = sept (le/la septième)	seven (the seventh)
8 = huit (le/la huitième)	eight (the eighth)
9 = neuf (le/la neuvième)	nine (the ninth)
10 = dix (le/la dixième)	ten (the tenth)
11 = onze	eleven
12 = douze	twelve
13 = treize	thirteen
14 = quatorze	fourteen
15 = quinze	fifteen
16 = seize	sixteen
17 = dix-sept	seventeen
18 = dix-huit	eighteen
19 = dix-neuf	nineteen
20 = vingt	twenty
21 = vingt-et-un/22 = vingt-deux	twenty-one/twenty-two
30 = trente	thirty
40 = quarante	forty
50 = cinquante	fifty
60 = soixante	sixty
70 = soixante-dix/= septante (*en Suisse, en Belgique*)	seventy
71 = soixante-et-onze/72 = soixante-douze	seventy-one/seventy-two
80 = quatre-vingts/= octante (*en Suisse, en Belgique*)	eighty
81 = quatre-vingt-un/82 = quatre-vingt-deux	eighty-one/eighty-two
90 = quatre-vingt-dix/= nonante (*en Suisse, en Belgique*)	ninety
91 = quatre-vingt-onze/92 = quatre-vingt-douze	ninety-one/ninety-two
100 = cent/200 = deux cents	one hundred/two hundred
1000 = mille/2000 = deux mille	one thousand/two thousand
1 million/1 milliard	1 million/1 billion
une dizaine/une douzaine/une trentaine	about 10/a dozen/about 30

environ 70	roughly 70
une centaine/un millier	about 100/1000
10,5 = dix virgule 5	10.5 = ten point five
¼ = un quart	quarter
⅓ = un tiers	third
½ = une moitié	half

Les expressions de quantité / Expressions of quantity

un peu de	a few/a little/not very much
beaucoup de	a lot of
pas mal de (fam)	quite a few (of)
plein de (fam)	lots of
un nombre de	a number of
la plupart de	most of
une partie de	some of
la majorité de	the majority of
la minorité de	the minority of
un pourcentage de	a percentage of
10% (dix pour cent) de	10% (ten per cent) of
plus de/moins de	more (of)/less (of), fewer
(pas) assez de	(not) enough of
trop de	too much/too many
une quantité de	a lot of, a quantity of
tant de	so much/so many
trop de	too much/too many
assez de	enough
autant de	as much/as many
environ/à peu près	around/about
un litre de	a litre of
un gramme de	a gram of
un kilo de	a kilo of
une livre de	a pound of
une bouteille de	a bottle of
un carton de	a carton/a box of
une boîte de	a can/a tin/a box of
un paquet de	a packet of
un sac de	a bag of
un pot de	a jar of
un tube de	a tube of
une tasse de	a cup of
un verre de	a glass of
une tranche de	a slice of
une part de/un morceau de	a slice of/a piece of
une pincée de	a pinch of

Les expressions de temps	Expressions of time
Les jours de la semaine	Days of the week
lundi/le lundi	Monday/on Mondays
mardi/tous les mardis	Tuesday/every Tuesday
mercredi/chaque mercredi	Wednesday/every Wednesday
jeudi/un jeudi sur deux	Thursday/every second Thursday
vendredi/un vendredi par mois	Friday/one Friday a month
samedi/un samedi par an	Saturday/one Saturday a year
dimanche/pas le dimanche	Sunday/not on Sundays
du lundi au vendredi	from Monday to Friday
sauf dimanches et jours de fête	except Sundays and public holidays
un jour sur deux	every other day
la semaine prochaine/dernière	next/last week
il y a deux jours/une semaine	two days/a week ago
dans deux jours/un mois	in two days/a month
pendant quinze jours	for a fortnight (or two weeks)
Les mois de l'année	Months of the year
(en) janvier	(in) January
février	February
mars	March
avril	April
mai	May
juin	June
juillet	July
août	August
septembre	September
octobre	October
novembre	November
décembre	December
(au) début janvier/(à la) fin mars/(à la) mi-mai	(at) the beginning of January/(at) the end of March/(in) mid-May
Les quatre saisons	The four seasons
le printemps/au printemps	spring/in the spring
l'été (m)/en été	summer/in the summer
l'automne (m)/en automne	autumn, fall/in the autumn, in the fall
l'hiver (m)/en hiver	winter/in the winter
La date	The date
Quelle est la date?/On est quel jour?	What is the date?/What day is it?
C'est/On est le 1er janvier.	It is the 1st of January.
Le 10 juin, c'est un lundi.	The 10th June is a Monday.
aujourd'hui	today
demain/après-demain	tomorrow/the day after tomorrow
demain matin/midi/après-midi/soir	tomorrow morning/noon/afternoon/evening
hier/avant-hier	yesterday/the day before yesterday
hier matin/midi/après-midi/soir	yesterday morning/noon/afternoon/evening

L'heure — The time

Quelle heure est-il?/Il est quelle heure?	What time is it?/What's the time?
Il est …	It is …
… une heure/deux heures/midi/minuit.	… one o'clock/two o'clock/midday/midnight.
… sept heures cinq/dix/vingt/vingt-cinq/moins vingt-cinq/moins vingt/moins dix/moins cinq.	… five past/ten past/twenty past/twenty-five past/twenty-five to/twenty to/ten to/five to seven.
… deux heures et quart/et demie/moins le quart.	… quarter past/half past/quarter to two.
… treize heures/quatorze heures/zéro heure.	… 1pm/2pm/midnight.
… quatre heures dix/quinze/vingt/vingt-cinq/trente/trente-cinq.	… four ten/fifteen/twenty/twenty-five/thirty/thirty-five.
à 10 heures	at 10 o'clock
dans dix minutes/deux heures	in 10 minutes (' time)/in two hours (' time)

Les expressions temporelles — Expressions of time

avant	before
après	after
pendant	during/for
pour	during/for
vers	at about
depuis	since/for
jusqu'à	until
le matin	(in) the morning
le midi	(at) lunchtime
l'après-midi (m)	(in) the afternoon
le soir	(in) the evening
(pendant) la nuit	(during) the night
(pendant) la semaine/le week-end	(during) the week/(at) the weekend

La fréquence — Frequency

d'habitude/habituellement/normalement	usually/normally
généralement/en général	generally
régulièrement/fréquemment	regularly/frequently
souvent/le plus souvent possible	often/as often as possible
toujours/tout le temps	always/all the time
tous les jours/tous les matins/tous les week-ends	every day/every morning/every weekend
tous les deux jours/les deux mois/les deux ans	every two days/two months/two years
de temps en temps/quelquefois/parfois/occasionnellement	from time to time/sometimes/on occasion/occasionally
rarement	rarely
jamais/presque jamais	never/hardly ever
une fois/deux fois/trois fois par jour/semaine/mois	once/twice/three times a day/week/month
plusieurs fois par mois	several times a month
comme d'habitude	as usual

La chronologie — Sequence

d'abord	first
en premier/pour commencer	firstly/to start with
puis/ensuite	then/next
avant (ça)/après (ça)	before (that)/after (that)

avant de + *infinitif*
après avoir/après être (+ *participe passé*)
enfin/finalement/pour finir/en fin de compte

before (+ *...ing*)
after (+ *...ing*)/having (*done something*)
finally/in the end

La géographie

Les pays (francophones)

en/de (+ *pays féminins*) (se terminent par *–e*)
   ... France/Belgique/Tunisie/Algérie/Côte d'Ivoire
au/du (+ *pays masculins*) (se terminent autrement)
   ... Luxembourg/Canada/Québec/Maroc/Sénégal
aux/des (+ *pays au pluriel*)
   ... États-Unis/Pays-Bas/Seychelles
(*exception*) en Haïti/à Madagascar/à l'Île Maurice/à Monaco/au Vanuatu

Geography

(French-speaking) Countries

in/from
   ... France/Belgium/Tunisia/Algeria/Ivory Coast
in/from
   ... Luxembourg/Canada/Quebec/Morocco/Senegal
in/from
   ... the United States/the Netherlands/the Seychelles
in Haïti/Madagascar/Mauritius/Monaco/Vanuatu

Les continents

l'Afrique
l'Amérique (f) du Nord/du Sud
l'Antarctique (m)
l'Asie (f)
l'Europe (f)
l'Océanie (f)

Continents

Africa
North/South America
Antarctica
Asia
Europe
Oceania

Les points cardinaux

dans le nord/au nord (de ...)
dans l'est/à l'est (de ...)
dans le sud/au sud (de ...)
dans l'ouest/à l'ouest (de ...)

The points of the compass

in the north/in *or* to the north (of ...)
in the east/in *or* to the east (of ...)
in the south/in *or* to the south (of ...)
in the west/in *or* to the west (of ...)

Indiquer le lieu

dans
devant/derrière
sur/sous
au-dessus/au-dessous (de)
en haut/en bas (de)
à gauche/à droite (de)
à l'intérieur/à l'extérieur (de)
au bord (de)
à la périphérie (de)
à côté (de)
en face (de)
au coin (de)
près (de)/loin (de)
au milieu (de)
au centre (de)
autour (de)
au pied (de)
entre
contre

To indicate a place

in
in front (of)/behind
on (top of)/under
above/below
at the top/at the bottom (of)
(to the) left/right (of)
(on the) inside/outside (of)
at the edge (of)/by
on the outskirts (of)
next (to)
in front (of)/opposite
at/on the corner (of)
near (to)/far (from)
in the middle (of)
at/in the centre (of)
around
at the foot (of)
(in)between
against

côte à côte	side by side
chez	at someone's house/place
ici/là/là-bas	here/there/over there
par ici/par là, par là-bas	this way/that way
près d'ici/loin d'ici	near here/far from here
dedans/dehors	inside/outside
ailleurs	elsewhere
n'importe où	anywhere
partout	everywhere
quelque part/nulle part	somewhere/nowhere

Couleurs, motifs, formes, matières / Colours, patterns, shapes, materials

C'est de quelle couleur? / What colour is it?

argenté(e)	silver/silvery
beige	beige
blanc/blanche	white
bleu(e)/bleu ciel/bleu marine	blue/sky blue/navy blue
bordeaux (*invariable*)	burgundy/maroon
doré(e)	gold/golden
gris(e)/gris clair/gris foncé	grey/light grey/dark grey
jaune (citron)	(lemon) yellow
marron (*invariable*)	brown
mauve	purple
noir(e)	black
orange (*invariable*)	orange
rose/rose vif/rose pâle	pink/bright pink/pale pink
rouge	red
turquoise (*invariable*)	turquoise
vert(e)/vert olive/vert pomme	green/olive green/apple green
violet(te)	purple
multicolore	multicolored
bariolé(e)	colourful
une affiche/des drapeaux bleu blanc rouge	blue, red and white poster/flags
une publicité/des films noir et blanc	black and white advertisement/film

Les motifs / Patterns

uni(e)	plain
à rayures/rayé(e)	stripey
à pois	dotted
à carreaux	checked
à fleurs	flowery

Ça a quelle forme? / What shape is it?

un carré/c'est carré	square/it's square
un rectangle/c'est rectangulaire	rectangle/it's rectangular
un triangle/c'est triangulaire	triangle/it's triangular
un cercle/c'est rond	circle/it's round
un losange	diamond shape

une ligne	line
une croix	cross
une étoile	star

C'est fait en quoi?   What is it made of?

en bois (m)	(made of) wood/wooden
en plastique (m)/en plastique à usage unique	(made of) plastic/single-use plastic
en métal (m)/en fer (m)	(made of) metal
en or (m)	(made of) gold
en argent (m)	(made of) silver
en pierre (f)	(made of) stone
en béton (m)	(made of) concrete
en papier (m)	(made of) paper
en carton (m)	(made of) cardboard
en verre (m)	(made of) glass
en tissu (m)	(made of) fabric
en laine (f)	(made of) wool/woollen
en coton (m)	(made of) cotton
en soie (f)	(made of) silk
en lin (m)	(made of) linen
en cuir (m)	(made of) leather
en velours (m)	(made of) velvet
en nylon (m)/en lycra (m)	(made of) nylon/lycra
en matière (f) recyclée/recyclable	(made of) recycled/recyclable material

Les parties du corps   Parts of the body

la tête	head
les cheveux (mpl)	hair
le front	forehead
l'œil (m)/les yeux (mpl)	eye/eyes
les cils (mpl)	eyelashes
les sourcils (mpl)	eyebrows
le nez	nose
la joue	cheek
la bouche	mouth
la lèvre	lip
la langue	tongue
la dent	tooth
l'oreille (f)	ear
le menton	chin
le cou	neck
la gorge	throat
le torse	torso
le dos	back
l'épaule (f)	shoulder
le bras	arm
le coude	elbow

6 Mots utiles

le poignet	wrist
la main	hand
le doigt/le pouce	finger/thumb
l'ongle (m)	nail
la poitrine	chest/breast
le ventre	stomach/belly
l'estomac (m)	stomach/belly
la jambe	leg
la cuisse	thigh
le mollet	calf
le genou/les genoux	knee/knees
la cheville	ankle
le pied	foot
le talon	heel
l'orteil (m)	toe
les organes (mpl) (vitaux)	(vital) organs
le cerveau	brain
le cœur	heart
les poumons (mpl)	lungs
les reins (mpl)	kidneys
le foie	liver
les intestins (mpl)	intestines/guts
les muscles (mpl)	muscles
le sang	blood
la peau	skin
les cinq sens (m)	the five senses
la vue	sight
l'ouïe (f)	hearing
l'odorat (m)	smell
le toucher	touch
le goût	taste

Expressions idiomatiques / Idiomatic phrases

Avec le verbe *aller* / With the verb *aller*

Allons-y!/Allez-y!	Let's go!/Go!
On y va!	Let's go!
s'en aller/On s'en va!	to go away/We're off!
Allons donc!	Come on (now)!/Come now!/Well, well, well!

Avec le verbe *avoir* / With the verb *avoir*

avoir xx ans	to be xx years old
avoir faim/soif/sommeil	to be hungry/thirsty/sleepy
avoir froid/chaud	to be cold/hot
avoir le mal de mer/le mal du pays	to feel seasick/homesick
avoir horreur de (+ *nom*)	to hate (something)
avoir hâte (de + *infinitif*)	to look forward to (doing something)
avoir mal (à)	(something) hurts

avoir du mal (à + *infinitif*)	to struggle (to)
avoir tort/raison	to be wrong/right
avoir peur (de)	to be scared (of)
avoir honte (de + *infinitif*)	to be ashamed (of)
avoir de la chance	to be lucky
avoir du chagrin	to be sad
avoir de la patience	to be patient
avoir du charme	to be charming
avoir un trou de mémoire	to have a lapse of memory
avoir une panne (d'essence/de moteur)	to run out of petrol/to have engine failure
avoir l'air (+ *adjectif*)/avoir l'air de (+ *infinitif*/*nom*)	to look/to seem
avoir besoin de (+ *infinitif*)/avoir besoin de (+ *nom*)	to need (to)/to need (something)
avoir envie de (+ *infinitif*)/avoir envie de (+ *nom*)	to feel like (having *or* doing something)/to feel like (something)
avoir l'occasion de (+ *infinitif*)	to have the opportunity to
avoir l'habitude de (+ *infinitif*)	to be used to
avoir l'intention de (+ *infinitif*)	to intend to
avoir lieu	to take place
avoir la flemme de (+ *infinitif*)	to feel too lazy to
avoir la pêche/la frite (fam)	to feel great/to be in top form
avoir le cafard (fam)	to feel down/depressed
avoir le trac (fam)	to feel nervous/to have stage fright
en avoir marre/ras-le-bol (fam)	to be fed up
Avec le verbe *donner*	**With the verb *donner***
donner faim/soif	to make someone feel hungry/thirsty
donner le vertige	to make someone feel dizzy
donner une gifle/un coup de pied/une bise	to slap/to kick/to kiss
donner un coup de main (fam)	to give a hand
donner un coup de fil (fam)	to call someone (on the phone)
donner la chair de poule (fam)	to give someone goose bumps
donner sa langue au chat (fam)	to give up (trying to guess)
donner l'exemple	to set an example
donner sur …	to look out over/onto …
étant donné (que)	given that
se donner du mal/de la peine (pour)	to take great trouble (to)
se donner du bon temps (fam)	to have a good time
se donner rendez-vous	to arrange to meet
Avec le verbe *être*	**With the verb *être***
être en train de (+ *infinitif*)	to be (in the middle of) (doing something)
Ça m'est égal.	I don't mind./It's all the same to me.
n'y est pour rien/il n'y est pour rien	to have/he has nothing to do with it
C'est parti!	Here we go!/We're off!
C'est ça!	That's right!/Exactly!
Ça y est!	That's it, done!
… n'est-ce pas?	… isn't that so?

C'est (à) mon tour./C'est à moi.	It's my turn./It's mine.
Il était une fois …	Once upon a time …
Nous sommes/On est le (+ *date*)	Today's (*the date*)
Nous sommes six.	There are six of us

Avec le verbe *faire* — With the verb *faire*

faire nuit/jour	to be night-time/daytime
faire partie de	to be a part of
faire confiance à quelqu'un	to trust someone
faire plaisir à quelqu'un	to please someone
Ça me fait plaisir.	It makes me happy./Glad to hear that.
faire attention (à)	to pay attention to/watch out for
faire peur (à)	to scare
faire semblant de (+ *infinitif*)	to pretend to
faire de la peine/Ça me fait de la peine.	to hurt someone (*emotionally or morally*)/It hurts me.
faire du bien (à quelqu'un)/Ça me fait du bien.	to do (someone) good/It makes me feel good.
faire 1,6 mètres/65 kilos	to measure 1.6 m/to weigh 65 kgs
faire une promenade/faire un tour à pied	to take a walk, to go for a walk
faire une promenade en voiture/faire un tour en voiture	to go for a drive
faire demi-tour	to turn around/make a U-turn/turn back
faire des bêtises	to do something stupid
faire des économies	to save money/save up
faire la bise (à quelqu'un)	to kiss (someone) hello
se faire la bise	to kiss one another hello
faire la connaissance de quelqu'un	to meet someone (for the first time)
faire mal à quelqu'un	to hurt someone
faire exprès	to do (something) on purpose
faire face à	to face up to
Fais comme chez toi./Faites comme chez vous.	Make yourself at home.
Ça ne fait rien!	Never mind!
(Il n'y a) rien à faire.	(There's) nothing we can do.
Ça ne se fait pas.	You just don't do that.
Ça fait dix jours que …	It's been ten days since …
faire la tête (fam)	to sulk
faire d'une pierre deux coups (fam)	to kill two birds with one stone

Avec le verbe *mettre* — With the verb *mettre*

mettre la télé/la radio/la lumière	to switch on the television/the radio/the light
mettre la table	to lay the table
mettre à jour	to update
mettre des heures à faire quelque chose	to spend hours doing something
se mettre en colère	to get angry
se mettre à table	to sit down to eat
se mettre au régime	to go on a diet
se mettre au travail	to start working
s'y mettre/Je vais m'y mettre! (fam)	to get started/I'll get down to it!

Avec le verbe *passer* / With the verb *passer*

passer du temps	to spend time
Le temps passe vite!	Time flies!
C'est un mauvais moment à passer.	It's just a rough patch.
passer un bon moment	to have a good time
passer la matinée/la journée/la soirée (à + *infinitif*)	to spend the morning/the day/the evening (+ *-ing*)
passer (un vêtement)	to slip on (clothes)
passer à la télé/à la radio/dans les journaux	to be on the television/on the radio/in the newspapers
passer un examen	to take/sit a test (*not* 'to pass'!)
passer quelque chose à quelqu'un	to loan something to someone
passer du coq à l'âne	to change the subject randomly (*literal: to go from cockerel to donkey*)
se passer de quelque chose	to do without something
Qu'est-ce qui se passe?/Qu'est-ce qui s'est passé?	What's happening?/What's happened?
Tout se passe bien./Tout s'est bien passé.	Everything's going well./Everything went well.

Avec le verbe *rendre* / With the verb *rendre*

rendre (+ *adjectif*)/Ça me rend fou/folle!	to make (+ *adjective*)/It makes me crazy!
rendre service (à quelqu'un)	to help someone/to do someone a favour
rendre visite à quelqu'un	to visit someone
se rendre à	to go to
se rendre compte de	to realize
Tu te rends compte?/Vous vous rendez compte?	Can you imagine? (*or* Just think!)

Avec le verbe *tenir* / With the verb *tenir*

tenir à (+ *infinitif*)	to be anxious to/eager to (do something)/to wish to (do something)
tenir à quelque chose	to cherish something/to hold something dear
tenir de quelqu'un	to take after someone
tenir compte de quelque chose	to keep something in mind/to take something into account
tenir le coup (fam)	to hold out/make it through
se tenir au courant (de quelque chose)	to keep (oneself) informed/up-to-date (about something)
Tiens!/Tenez!	Here you are! *or* Take it!

Expressions avec *ça* / Phrases with *ça*

Ça marche!	It works./Got it, okay!
Ça vaut le coup./Ça vaut la peine.	It's (well) worth it.
Ça me plaît (bien)!/Ça ne me plaît pas du tout.	I like it/I don't like it at all.
Ça suffit!	That's enough!
Ça craint. (fam)	It's dangerous./It sucks.
Ça m'arrange (bien)./Ça ne m'arrange pas.	It suits me./It doesn't suit me.
Ça me gêne.	It bothers me.
Ça me manque.	I miss it.
Ça me dit bien./Ça ne me dit rien.	I quite fancy it./It doesn't appeal to me.

6 Mots utiles

B Pour l'examen oral

Commenter une image

Impressions générales (Quoi? Où? Quand? Qui?)	General impressions (What? Where? When? Who?)
c'est une photo sur …	it's a photo about …
sur la photo/l'image/le document …	in the photo/picture/document …
l'image aborde le thème de …	the picture tackles the theme of …
la photo/le dessin/l'image porte sur le sujet de …	the photo/drawing/image is about the sub-theme of …
sur ce dessin/cette photo, il s'agit de …	this drawing/photo is about …
cette illustration évoque le thème de …	this illustration alludes to the theme of …
La scène a lieu …/se déroule …/se passe …	The scene takes place …
… à/au/aux/dans/en … (+ *lieu*).	… in/at … (+ *place*).
… à l'extérieur/à l'intérieur.	… outside/inside.
… en ville/dans un village.	… in a town (*or* city)/in a village.
… à la campagne/à la montagne.	… in the countryside/in the mountains.
… au bord de la mer/à la plage.	… by the sea/on a beach.
… dans une rue/sur une place.	… on a street/on (*or* in) a square.
… dans un parc/un jardin public.	… in a park.
… dans un magasin/un marché.	… in a shop/at a market.
… dans un centre commercial/un centre sportif.	… in a shopping mall/in a sports centre.
… dans une école/une salle de classe.	… in a school/in a classroom.
… pendant une fête (de famille).	… during a (family) party/celebration.
… pendant un évènement sportif.	… during a sporting event.
La photo est prise/a été prise … (+ *temps*)	The photo is taken/was taken … (+ *time*)
… pendant la journée/pendant la nuit.	… during the day/night.
… le matin/l'après-midi/le soir.	… in the morning/in the afternoon/in the evening.
… au printemps/en été/en automne/en hiver.	… in spring/summer/autumn (*or* fall)/winter.
il fait beau/mauvais/chaud/froid	the weather's nice/bad/hot/cold
le ciel est bleu/nuageux	the sky's blue/cloudy
le soleil brille	the sun is shining
il pleut/il neige	it's raining/it's snowing
Sur la photo, on voit/distingue/observe/remarque …	In the photo, you can see/make out/observe/notice …
Il y a …	There is (are) …
… une personne/une famille/des gens.	… a person/a family/people.
… un (jeune/vieil) homme/une (jeune/vieille) femme/un enfant.	… a (young/old) man/a (young/old) woman/a child.
… un(e) adulte/un(e) jeune/un(e) adolescent(e), un(e) ado (fam).	… an adult/a young person/a teenager.
… une personne d'âge moyen/une personne âgée.	… a middle-aged person/an elderly person.
… un (jeune/vieux) couple.	… a (young/old) couple.
… un groupe de personnes/d'ados.	… a group of people/of teenagers.

L'image aborde le thème des vacances. La scène se passe au bord de la mer. Comme il fait beau et chaud, le ciel est bleu et le soleil brille, on peut dire que la photo est prise en été, pendant la journée. On voit plusieurs groupes de personnes sur une plage, surtout des familles avec des enfants.

The picture is on the theme of holidays. The scene takes place at the seaside. As the weather is nice and warm, the sky is blue and the sun is shining, we can say that the photo is taken in summer, during the day. We see several groups of people on a beach, mostly families with children.

Voir 6 A (Indiquer le lieu et Les expressions de temps)

Plus en détail	In more detail
à droite/à gauche/au centre de l'image	on the right/on the left/in the centre of the picture
en haut/en bas	at the top/at the bottom
en haut à gauche/en bas à droite	on the top left/on the bottom right
à côté de/en face de	next to/opposite
au milieu/dans le coin	in the middle/in the corner
devant/à l'avant	at the front
derrière/à l'arrière	at the back
au premier plan/au second plan	in the foreground/in the middle distance
à l'arrière-plan/au fond	in the background
en gros plan	close up
La femme est grande/petite/assez forte/très maigre.	The woman is tall/short/quite large/very thin.
Elle/Il porte …	She's/He's wearing …
… une tenue habillée/élégante/décontractée.	… smart/elegant/casual clothes.
… des vêtements de sport/de travail/de protection.	… sportswear/work clothes/protective clothing.
… un pantalon/un short/un legging/une salopette.	… trousers/shorts/leggings/dungarees.
… une robe/une jupe/un tailleur.	… a dress/skirt/suit.
… une chemise/un chemisier/un tee-shirt/un haut.	… a shirt/blouse/t-shirt/top.
… un pull/un sweat/un cardigan (ou un gilet).	… a pullover/sweatshirt/cardigan.

6 Mots utiles

Mots utiles 6

… une veste/un blouson/un anorak/un manteau.	… a(n) jacket/bomber jacket/anorak/coat.
… un jogging/un maillot de bain.	… a tracksuit/swimsuit.
… un bleu de travail/un EPI (équipement de protection individuelle).	… work overalls/PPE (personal protective equipment).
… un chapeau/une casquette/un bonnet.	… a hat/cap/woolly hat (*or* beanie).
… des chaussures/des sandales/des bottes.	… shoes/sandals/boots.
… une écharpe/un foulard/un châle.	… a long scarf/scarf/shawl.
Il/Elle a l'air/n'a pas l'air …	He/She seems/doesn't seem …
Il/Elle paraît/semble …	He/She appears/seems to be …
… heureux(-euse)/malheureux(-euse)/triste.	… happy/unhappy/sad.
… content(e)/mécontent(e).	… pleased/displeased.
… concentré(e)/rêveur(-euse).	… focused/dreamy.
… en forme/fatigué(e)/malade.	… in good shape/tired/ill.
… détendu(e)/stressé(e).	… relaxed/stressed out.
… intéressé(e)/indifférent(e).	… interested/disinterested.
… étonné(e)/blasé(e).	… surprised/indifferent (*or* jaded).

* Au premier plan de l'image, en bas à droite, il y a un homme en tenue très décontractée **puisqu'**il a un short vert, un tee-shirt blanc et des sandales. Il a aussi mis une casquette bleu et blanc et il porte des lunettes de soleil. Il a l'air heureux et détendu, **sans doute parce qu'**il est en vacances.

In the foreground of the picture, bottom right, there is a man in a very casual outfit **as** he is wearing green shorts, a white T-shirt, and sandals. He has also put on a blue and white cap and he is wearing sunglasses. He looks happy and relaxed, **probably because** he is on holiday.

Please refer to page 85 to see the image to match this description.

Décrire ce qui se passe (probabilités) — Describing what is happening (probability)

être en train de (+ *infinitif*)	to be (in the process of) doing (something)
venir de (+ *infinitif*)	to have just done (something)
être sur le point de (+ *infinitif*)	to be about to do (something)
avoir l'air de (+ *infinitif*)	to look like doing (something)
Il y a quelqu'un/une personne qui se promène.	There is someone/a person who is taking a walk.
La personne de gauche est assise/debout/couchée.	The person on the left is sitting/standing/lying down.
On voit un groupe de gens qui discutent.	We can see a group of people who are chatting.
J'imagine qu'ils sont en train de se préparer …	I (would) guess they are in the middle of getting ready …
On dirait que les personnes viennent d'arriver.	It looks as if they've just arrived.
Il me semble qu'il est sur le point de prendre le bus.	It seems he's just about to get on the bus.
Les gens ont l'air de s'amuser/de s'ennuyer.	The people seem to be (*or* look as if) they're having fun/are bored.
Il me semble que c'est une fête de famille.	**It seems to me that this is** a family celebration.
Il semble que ce soit une fête d'anniversaire	**It seems to be** a birthday party.
Je crois/Je pense que c'est un festival de musique.	**I believe/I think it is** a music festival.
Je ne crois pas/Je ne pense pas que ce soit une compétition sportive.	**I don't believe/I don't think it's** a sports competition.
Il est probable que ce soit un concert en plein air.	It may be an open-air concert.
Il est peu probable que ce soit une réunion entre amis.	It is unlikely to be a gathering of friends.

* Il y a un homme qui est debout et qui a l'air de surveiller la plage. Il est probable que ce soit le surveillant de plage. On dirait qu'il est en train de parler à des enfants qui viennent d'entrer dans la mer. J'imagine qu'il est sur le point de leur dire de faire attention parce qu'il y a de grosses vagues.

There is a man who is standing and who looks as if he is watching the beach. It's likely he is the beach guard. It looks as if he is talking to some children who have just gone into the sea. I guess he is about to tell them to be careful because there are big waves.

Please refer to page 85 to see the image to match this description.

Lien avec la culture francophone

Il s'agit ici de la France/d'un pays francophone …

On sait que c'est en France/dans un pays francophone …

Il est évident que la scène se déroule en France/dans un pays francophone parce que …

On devine qu'il s'agit d'une ville française/francophone …

　… parce qu'on voit …

　… par la présence de …

　… par le fait qu'il y a …

Les panneaux indiquent que la photo a été prise en France/dans un pays francophone.

D'après ce que je vois, j'imagine que c'est en France/dans un pays francophone.

À mon avis, le style de bâtiments/de vêtements est typiquement français/canadien/suisse/belge.

Autant que je sache, ce qu'on voit sur l'image est …

　… typiquement français/canadien/suisse/belge.

　… une tradition française/canadienne/suisse/belge.

J'imagine que la scène se passe en France/dans un pays francophone parce que …

　… d'après ce que je sais …

　… d'après ce que j'ai lu/vu/entendu …

　… d'après ce qu'on m'a dit …

　… d'après ce que j'ai appris …

　… d'après ce que j'ai entendu dire …

　… d'après un article que j'ai lu/une émission que j'ai vue …

　… c'est une scène/tradition typique de ce pays/cette région.

　… c'est une fête/un festival célèbre en France/dans ce pays francophone.

Comparer à son propre pays (similarités et différences)

tout comme (ce que)/de même (que)/de la même façon (que)

de façon différente/différemment (de)

contrairement à (ce que)

tandis que/alors que

Links to French-speaking cultures

This is France/a French-speaking country …

We know that it is in France/in a French-speaking country …

It is obvious that the scene takes place in France/in a French-speaking country because …

We can guess that it is a French/French-speaking city …

　… because we see …

　… by the presence of …

　… by the fact that there are …

The signs indicate that the photo was taken in France/in a French-speaking country.

From what I can see, I imagine that it is in France/in a French-speaking country.

In my opinion, the style of buildings/clothing is typically French/Canadian/Swiss/Belgian.

As far as I know, what you see in the picture is …

　… typically French/Canadian/Swiss/Belgian.

　… a French/Canadian/Swiss/Belgian tradition.

I imagine that the scene takes place in France/in a French-speaking country because …

　… from what I know …

　… from what I have read/seen/heard …

　… from what I have been told …

　… from what I have learned …

　… from what I have heard …

　… from an article I read/a program I saw …

　… it is a typical scene/tradition in this country/region.

　… it is a famous celebration/festival in France/in this French-speaking country.

Comparing with your own country (similarities and differences)

as well as (what)/similar to (what)/in the same way (as)

differently

contrary to (what)

whilst

Mots utiles 6

ce qui est similaire/différent dans les deux pays, c'est (que)	what is similar/different in the two countries is (that)
En France, on est plus/moins/aussi (+ *adjectif*) que …	In France, people are more/less (+ *adjective*) than …/ as (+ *adjective*) as …
Dans ce pays francophone, il y a plus de/moins de/ autant de (+ *nom*) que …	In this French-speaking country, there is/there are more (+ *noun*)/fewer (+ *noun*) than/as many (+ *noun*) as …
C'est le plus (*ou* la plus)/le moins (*ou* la moins) (+ *adjectif*).	It's the most/least (+ *adjective*).
Ce sont les plus/les moins (+ *adjectif*).	They're the most/least (+ *adjective*).

Donner son opinion sur la photo / Giving your opinion on the photo

J'ai choisi cette image parce que …	I chose this image because …
J'aime bien/Je n'aime pas vraiment cette image parce que …	I like/I don't really like this picture because …
Cette photo m'a tout de suite intéressé(e) parce que …	I was immediately interested in this picture because …
Cette image me parle parce que …	This picture speaks to me because …
Ce qui m'interpelle ici, c'est (que + *subjonctif*) …	What I find thought-provoking/compelling here is (that) …
Ce qui me surprend/m'étonne, c'est (que + *subjonctif*) …	What surprises me is (that) …
Ce qui me choque, c'est (que + *subjonctif*) …	What shocks me is (that) …
Ce que je trouve intéressant/surprenant/choquant, c'est (que + *subjonctif*) …	What I find interesting/surprising/shocking is (that) …
Cette scène me fait penser à …/me rappelle …	This scene makes me think of …/reminds me of …

* J'aime bien cette image. On sait qu'il s'agit de la France par la présence du drapeau. Aussi, j'ai lu un article qui disait qu'il y a souvent des clubs pour les enfants sur les plages françaises, et on en voit un ici. Je trouve aussi cette image intéressante et elle me parle parce qu'elle me rappelle mes vacances au bord de la mer quand j'étais petit(e). Par contre, ce qui me choque sur cette illustration, c'est que la plage soit si sale. On voit beaucoup de déchets, contrairement à notre pays où les plages sont très propres.

I like this picture. We know that it is France by the presence of the flag. Also, I read an article that said there are often clubs for children on French beaches, and we see one here. I find it interesting and it speaks to me because it reminds me of my holidays by the sea when I was little. But what shocks me about this picture is that the beach **is** so dirty. You can see a lot of rubbish, unlike in our country where the beaches are very clean.

Please refer to page 85 to see the image to match this description.

Pour l'examen oral: répondre aux questions / For the oral exam: answering questions

Les mots interrogatifs / Question words

Est-ce que …?	Do/does/is/are/has/have …?
Qu'est-ce que …/qu'est-ce qui …?	What …?
Qu'est-ce que (+ *verbe*) comme (+ *nom*)?	What sort of …?
Qu'est-ce que tu aimes comme musique?	What sort of music do you like?
Quoi?	What?
Qui (est-ce qui …)/qui (est-ce que …)?	Who (…)?
À qui/avec qui/pour qui (est-ce que …)?	To whom/with whom/for whom (…)?
Quand (est-ce que …)?	When (…)?
Depuis quand/depuis combien de temps (est-ce que …)?	Since when/for how long (…)?
Où/d'où/par où (est-ce que …)?	Where/from where/which way (…)?
Comment (est-ce que …)?	How (…)?

Pourquoi/pour quelle(s) raison(s)/(est-ce que ...)?	Why (...)?
Combien/combien de (+ *nom*) (est-ce que ...)?	How much/how many (...)?
Combien de fois?	How many times/how often?
Pendant combien de temps?	For how long?
À quelle heure?	At what time?
À quel âge?	At what age?
Quel/quelle/quels/quelles (+ *nom*)?	Which/what (...)?
Quel genre de .../quelle sorte de ...?	What kind of .../what sort of...?
Lequel/laquelle/lesquels/lesquelles?	Which one(s)?
Y a-t-il ...?/il y a ...?	Is there ...? (*or* Are there ...?)
Pouvez-vous parler de/décrire ...?	Can you speak about/describe ...?
Que pensez-vous de cela?	What do you think about that?
Pouvez-vous me dire ce que vous pensez de ...?	Can you tell me what you think about ...?
Quelle est votre opinion là-dessus?	What's your opinion on this?
(Est-ce que) vous êtes d'accord avec moi/avec ça?	Do you agree with me/with that?
Êtes-vous d'accord que ...?	Do you agree that ...?

Donner son opinion / Giving your opinion

moi, je .../personnellement, ...	personally, I...
à mon avis, .../selon moi .../d'après moi, ...	in my opinion
en ce qui me concerne, ...	as far as I'm concerned
pour ma part, .../quant à moi, ...	for my part, .../as for me, ...
(pour) autant que je sache	as far as I know
je trouve que ...	I find that ...
je pense que ...	I think that ...
je crois que ...	I believe that ...
je ne pense pas que .../je ne crois pas que ... (+ *subjonctif*)	I don't think/believe that ...
je dois dire que ... (+ *indicatif*)	I must say that ...
j'estime que ... (+ *indicatif*)	I feel that ...
je considère que ... (+ *indicatif*)	I consider that ...
j'ai l'impression que ... (+ *indicatif*)	I have the feeling that ...
je suis sûr(e)/convaincu(e)/persuadé(e) que ... (+ *indicatif*)	I am sure/convinced/certain that ...
il est probable que ... (+ *indicatif*)	it is likely that ...
il est possible que ... (+ *subjonctif*)	it is possible that ...
il semble que ... (+ *subjonctif*)	it seems that ...
il est évident/indéniable/clair que ... (+ *indicatif*)	it is obvious/undeniable/clear that ...
c'est essentiel/important/urgent/révoltant/inadmissible que ... (+ *subjonctif*)	it is essential/important/urgent/appalling/unacceptable that ...
ce que j'aime/je n'aime pas, c'est ...	what I like/dislike is ...
ce qui me plaît/me déplaît, c'est ...	what I like/dislike is ...
ce dont je veux parler, c'est ...	what I want to talk about is ...

L'opinion des autres / What others think

on dit que/les gens disent que ...	people say that ...
certains disent que/affirment que...	some people say that ...
selon/d'après certains/certaines personnes ...	according to some (people) ...

pour d'autres, …	according to others …
j'ai vu (aux informations/sur Internet) que …	I've seen (in the news/on the internet) that …
j'ai lu (dans le journal/dans un magazine) que …	I've read (in the newspaper/in a magazine) that …
on m'a dit que …	I've been told that …
j'ai entendu dire que …	I've heard that …
selon les chiffres/les statistiques, …	according to figures/statistics, …

Être d'accord ou pas — Agreeing or not

je suis d'accord/je ne suis pas d'accord (avec)	I agree/disagree (with)
je suis pour/contre	I'm for/against
c'est vrai/faux	it's true/false
bien sûr/bien sûr que non	of course/of course not
tout à fait/pas du tout	absolutely (*or* exactly)/not at all
peut-être/sans doute	maybe/perhaps
probablement (pas)	probably (not)
certainement (pas)/absolument (pas)	certainly (not)/absolutely (not)
c'est clair	it's clear
cela va sans dire (que …)	it goes without saying (that …)
comme vous le savez (sans doute)	as you (may) know
sans aucun doute	without any doubt
je partage/je ne partage pas votre avis/votre point de vue	I share/I don't share your opinion/your view
je suis/je ne suis pas favorable à …	I am (not) in favour of ….
Je pense que oui/non.	I think so/I don't think so.
Vous avez raison/tort.	You're right/you're wrong.
C'est exactement ce que je pense.	It's exactly what I think.
C'est tout le contraire de ce que je pense.	It's the exact opposite of what I think.

Un problème de communication? — A communication problem?

Excusez-moi, je ne comprends pas.	Sorry, I don't understand.
Je n'ai pas entendu ce que vous avez dit.	I didn't hear what you said.
Je n'ai pas bien compris la question.	I didn't (really) understand the question.
Vous pouvez répéter (plus lentement), s'il vous plaît?	Could you repeat that (more slowly) please?
Je ne sais pas/plus.	I don't know/any more.
Je ne me rappelle plus/Je ne m'en souviens plus.	I can't remember.
Comment dit-on « X » en français?	How do you say 'X' in French?
Que signifie/que veut dire « X » en français?	What does 'X' mean in French?

C Pour l'examen écrit

Le vocabulaire spécifique aux types de texte | Vocabulary specific to different text types

La lettre/l'email à un(e) ami(e)/la carte postale | Letter/email to a friend/postcard

Paris, le 18 juin (*date*)	Paris, 18th June
(Mon) cher/(Ma) chère/(Mes) chers/Mes chères ...	(My) Dear ...
Bonjour!/Salut! (fam)	Hello!/Hi!
Merci pour ta/votre dernière lettre/ton/votre dernier email.	Thanks for your last letter/email.
J'ai bien reçu ta/votre lettre/ton/votre email.	I (have) received your letter/your email.
Ça fait longtemps que je n'ai pas eu de tes/vos nouvelles.	I haven't heard from you in a long time.
Ça va? Moi, ça va bien.	How are you? I'm fine.
Quoi de neuf depuis la dernière fois?	What's new since the last time?
Réponds-moi/Répondez-moi vite.	Looking forward to hearing from you. (*literal: Answer me quickly*.)
À bientôt/À plus! (fam)	See you soon!
Amicalement (*ou* Amitiés)/Avec toute mon amitié	Best wishes/With love
Je t'embrasse/Je vous embrasse.	Love, *or* Much love,
(grosses) bises/(gros) bisous (fam)	kisses

Lettre officielle/email officiel | Official letter/email

Monsieur, Madame	Dear Sir, Madam
Monsieur le Directeur/Madame la Présidente	Dear Sir/Madam (*when writing to someone with a particular job title*)
Monsieur Truc/Madame Machin	Dear Mr What's his name/Dear Mrs So and So
Objet: Demande de renseignements	Subject: Request for information
Suite à votre courrier/à votre annonce/à votre email ...	In response to your letter/ad/email ...
Je vous écris pour vous demander si .../pour vous informer que ...	I am writing to ask you if .../to inform you that ...
Je me permets de vous contacter pour ...	I am taking the liberty of contacting you to ...
Je vous serais reconnaissant(e) si vous pouviez ...	I should be grateful if you would ...
Veuillez trouver ci-joint(e)/ci-joints/ci-jointes ...	Please find attached (*or* enclosed) ...
En vous remerciant d'avance, ...	Thanking you in advance, ...
En attendant votre réponse, ...	I look forward to hearing from you.
Très cordialement	Best wishes/Kind regards
Sincères salutations	Yours sincerely
Veuillez agréer, Monsieur/Madame, l'expression de mes meilleurs sentiments/de mes sentiments respectueux.	Yours faithfully

La lettre de motivation | Covering letter

Objet: Candidature au poste de (+ *nom du travail*)	Subject: Application for the position of (+ *job name*)
Objet: Demande de stage	Subject: Application for a placement/an internship
Suite à votre annonce, je voudrais poser ma candidature pour le poste de ...	In response to your advertisement, I would like to apply for the position of ...
Je vous écris pour postuler pour la position de ...	I am writing to apply for the position of ...

Mots utiles 6

mes qualifications (fpl)	my qualifications
mes compétences (fpl)	my skills
mon expérience (f)	my experience
Je joins mon CV (curriculum vitae).	I attach/enclose my CV (curriculum vitae).
N'hésitez pas à me contacter pour des renseignements supplémentaires.	Do not hesitate to contact me for further information.

Le journal intime / Personal diary

samedi 18 juin 202X	Saturday, 18 June 202X
Cher journal, …	Dear diary, …
Il faut que je te raconte ce qui s'est passé …	I have to tell you what happened …
C'est tout pour le moment/pour aujourd'hui.	That's all for now/for today.
À demain./À la prochaine!	See you tomorrow./See you next time!
Il faut que j'y aille.	I must go.

L'invitation / Invitation

Je voudrais t'inviter/vous inviter à/pour (+ *occasion*)	I would like to invite you to … (+ *occasion*)
Nous aimerions que vous veniez fêter/célébrer (+ *occasion*) avec nous.	We would like you to come and celebrate (+ *occasion*) with us.
C'est avec grand plaisir que nous vous invitons à célébrer (+ *occasion*).	It is with great pleasure that we invite you to celebrate (+ *occasion*).
La fête/La cérémonie aura lieu le (+ *date/heure*) à (+ *endroit*).	The party/The ceremony will take place on (+ *date/time*) at (or in) (+ *place*).
Pourriez-vous nous donner une réponse avant le (+ *date*)?	Could you please reply by (+ *date*)?
RSVP/Répondez d'ici le (+ *date*).	RSVP/Please reply by (+ *date*).

Le blog / Blog

Chers lecteurs/Chères lectrices	Dear readers
Chers abonnés	Dear subscribers
Bienvenue sur mon blog.	Welcome to my blog.
un nouveau billet	a new post
une mise à jour	an update
les archives (fpl)	the archives
laissez des commentaires (mpl)	please leave comments
abonnez-vous à ma newsletter	subscribe to my newsletter
Rendez-vous ici la semaine prochaine/le mois prochain.	See you here next week/month.

Le discours / Speech

Monsieur (le Principal), Madame (la Directrice), Mesdames, Messieurs, Chers amis (*ou* Chers camarades), Chers collègues	Mr (Principal), Mrs (Director), Ladies, Gentlemen, Dear Friends, Dear Colleagues
je vais vous parler de …	I am going to talk to you about …
le sujet que je vais aborder ici …	the topic I am about to discuss here …
le thème dont je vais parler aujourd'hui, c'est…	the subject I am going to talk about today is …
examinons tout d'abord …	let's first examine …
passons maintenant à …	let's move on to …
considérons ensuite …	let's now consider …
savez-vous que …	do you know that …
pensez-vous que …	do you think that …

n'êtes-vous pas d'accord avec moi sur le fait que …	don't you agree with me that …
je vais conclure en disant que …	I will conclude by saying that …
Avez-vous des questions?	Do you have any questions?
Merci de votre attention/de votre intérêt.	Thank you for your attention/interest.
Je vous remercie de m'avoir écouté(e).	Thank you for listening to me.

La critique / Review

dans ce livre/ce film intitulé X, il s'agit de …	this book/film entitled X is about …
cela raconte l'histoire de …	it tells the story of …
un livre porté à l'écran	a book brought to the screen
un film sorti en salle	a film released in cinemas
l'auteur/l'auteure (ou l'autrice)	author
le réalisateur/la réalisatrice	director
le metteur en scène/la metteuse en scène	director
les personnages (principaux/secondaires) (mpl)	the (main/minor) characters
ce qui est surprenant/passionnant/émouvant/choquant/décevant, …	what is surprising/exciting/moving/shocking/disappointing is …
le style est exceptionnel/décevant	the style is exceptional/disappointing
les acteurs sont sensationnels/émouvants	the actors are sensational/moving
les effets spéciaux sont réussis/ratés	the special effects are well-done/poorly done
c'est une œuvre essentielle/formidable/inoubliable	it is an essential/wonderful/unforgettable work
une œuvre couronnée de succès	a very successful work
Le livre/Le film/La pièce est basé(e) sur un fait divers/une histoire vraie.	The book/film/play is based on a news item/true story.
Il/Elle a gagné de nombreuses récompenses.	He/She (ou it) has won numerous awards.
C'est absolument banal/sans intérêt/épouvantable.	It is completely banal/uninteresting/appalling.
Un film qui restera gravé dans les mémoires!	A film that will be remembered forever!
Un livre à découvrir immédiatement!	A must-read book!
À lire/à voir absolument!	A must-read/must-see!
À ne pas rater!	Not to be missed!/Don't miss it!
À éviter!	To be avoided!/One to avoid!

L'article / Article

le journal de …/la gazette de …	the newspaper/the gazette of …
une rubrique	column
écrit par (+ nom), le (+ date)	written by (+ name), on (+ date)
un reportage	report
une interview/un entretien	interview

Le rapport / Report

Objet: …	Subject: …
De la part de: …	From: …
À l'attention de: …	For the attention of/FAO: …
suite au stage/à la conférence/au débat sur …	following the (work) placement/conference/debate on …
le problème abordé	the issue at hand/the problem addressed
après discussion, il a été décidé de …	after a discussion, it was decided to …
la décision est de (+ infinitif) …	the decision is to (+ infinitive) …

6 Mots utiles

Note that whilst these connectors might be more commonly found in written language, you could also choose to make use of them in your oral work.

Pour l'examen écrit: les connecteurs logiques	For the written exam: connectors
Développer un argument	Developing an idea
(tout) d'abord, …	first (of all), …
pour commencer	to start
premièrement/deuxièmement	first/secondly
ensuite/puis, …	then …
en plus	moreover
aussi	also
également	also
en conclusion	in conclusion
en fin de compte	in the end
pour finir/finalement	finally
Clarifier	Clarifying
c'est-à-dire	that is to say
autrement dit	in other words
ou plus exactement	more precisely
Donner un exemple	Giving an example
(comme) par exemple	for example
en effet	indeed
notamment	notably
surtout	specially, above all
en particulier	in particular
Contraster/donner un contre-exemple, une alternative	Contrasting/giving a counter-example, an alternative
(mais) par contre	(but) on the other hand
au contraire/contrairement à (+ *nom*)	on the contrary/contrary to (+ *noun*)
cependant/pourtant/toutefois	however
tandis que (+ *indicatif*)	while
bien que (+ *subjonctif*)	although
d'un côté …, d'un autre côté,	on the one hand …, on the other hand,
d'une part …, d'autre part,	on the one hand …, on the other hand,
non seulement …, mais aussi	not only …, but also
plutôt que (+ *nom*)/plutôt que de (+ *infinitif*)	rather than (+ *noun*)/rather than (+ *infinitive*)
à la place (de)	instead (of)
au lieu de	instead of
ceci dit	this being said/having said this
quoiqu'il en soit	in any case
malgré	despite
Exprimer la cause	Expressing a cause
parce que (+ *sujet* + *verbe*)	because (+ *subject* + *verb*)
à cause de (+ *nom*) (*négatif*)	because of (*negative*)
Voyager est moins facile à cause de la pandémie de COVID-19.	Travelling is not as easy because of the COVID-19 pandemic.

grâce à (+ *nom*) (*positif*)	because of, thanks to (*positive*)
On voyage plus vite et plus loin grâce à l'avion.	We can travel faster and further thanks to the aeroplane.
car	because
puisque	as, because
étant donné (que)	given (that)
vu (+ *nom*)	in view of
vu que (+ *verbe*)	in view of the fact that, as, because
du fait que	because
comme	as
c'est pour cette raison que …	it is for this reason that …

Exprimer la conséquence / Expressing a consequence

alors	so
donc	then
par conséquent	consequently
ainsi	thus
en effet	as a matter of fact

Exprimer le but / Expressing a goal

pour (+ *infinitif*)	in order to
dans le but de (+ *infinitif*)	so that, with the aim of
de façon à (+ *infinitif*)	so that, so as to
pour que (+ *subjonctif*)	in order to
afin que (+ *subjonctif*)	so that
afin de (+ *infinitif*)	so that

Exprimer une restriction / Expressing a restriction

sauf	except
seulement	only
à l'exception de	except
ne … (+ *verbe*) + que …	only (+ *verb*)

Citer quelqu'un/une source / Quoting someone/a source

selon X	according to X
d'après X	according to X
pour citer X	to quote X
X pense que …	X thinks that …
je (ne) suis (pas) d'accord avec X quand X dit que …	I (don't) agree with X when X says that …
certains pensent que …	some people think that …
la majorité estime que …	the majority think that …

6 Mots utiles

Mots utiles 6

www.ingramcontent.com/pod-product-compliance
Lightning Source LLC
Chambersburg PA
CBHW061249170426
43191CB00041B/2404